前言

美

美育不仅是优化学生性情、完善学生人格和培养学生审美能力的教育,也是活跃学生思维、增强学生创造力和激励学生精神的教育。美育,内容丰富多彩,形式生动活泼,能够使学生在轻松、愉快的氛围中焕发出学习热情,从而使其性情得以优化,个性得到发展,思维能力得到提升。美育课开得好,不仅能够丰富学生生活、活跃校园气氛、优化教育环境,而且还可以培养和增进学生对母校的感情。因此,美育工作历来备受重视。

2015年9月15日,国务院办公厅下发了《关于全面加强和改进学校美育工作的意见》,对加强学校美育提出了明确要求。2015年12月3日,教育部下发了《贯彻落实〈国务院办公厅关于全面加强和改进学校美育工作的意见〉任务分工》,对加强学校美育工作进行了部署。

为了满足高等学校开设美育课的需要,笔者以自己三十多年来美育研究的感悟和实践经验为基础,参照以上两个文件的基本精神著成此书。在内容方面,本书有以下几个特点:

一是概念清楚、内容全面。本书首先对美的概念作了清楚的阐释,准确地揭示了美的本质内涵,明确了美的外延,从而清晰地描述了美的各种内容,使读者对美的各种表现了然于心。这样,不仅有利于读者审美能力的培养,而且能够使读者形成正确的审美观。

二是人文内涵丰富。从本质上讲,美育是一种综合性的人文教育。美育效果的好坏,既取决于学生已有的人文素养,也取决于教材的人文内涵。本书不仅引入了大量与审美认知有关的思想文化知识,借鉴了很多艺术史料,而且融进了一些历史故事、神话传说和古典诗文等,人文内涵十分丰富。

三是贴近学生实际。孔子说:"知之者,不如好之者,好之者,不如乐之者。"当学生对教学内容倍加喜欢的时候,教学效果自然会事半功倍。本书在写作时充分考虑了这一点,力求使内容贴近学生实际,既使学生感兴趣,也使学生获得教益。例如,针对大学生的思想实际,本书在"人际美"和"辞章美"中都有意识地引入了爱情诗词,目的在于引导学生正确地认识爱情,使其树立正确的爱情观。

四是特别关注学生创造能力的培养。审美教育是一种特殊的认知教育,其中时刻伴随着情感体验、想象与联想活动。在这种状态下,人的思维更加活跃,大脑中灵感的闪现频率会大大增加。如果能加以正确的引导,使想象与联想活动走向深入,可以有效培养人的创造性思维能力。本书在编写时充分考虑了这一点,特别注重利用形象触发和文字提示等方式引导读者展开想象和联想。

五是图文并茂,浅显易懂。作为一本美育教材,本书力求给读者以充分的美感享受。为此,本书在写作时着力于两点:其一,力求语言质朴,浅显易懂,确保读者一看就懂,使学习过程变得轻松愉快;其二,全书选配了三百多幅精美的图片,读者从这些图片中不仅能获得充分的审美享受,而且可以获得丰富的人文知识。

美无处不在。美育的内容俯拾皆是,一本书确实难以写尽其精彩。加之著述时间仓促和作者学识所限,书中难免有疏漏之处。敬请各位读者在使用本书的过程中多提宝贵意见,以便笔者将其修订得更加完善。有关本书的意见和建议请直接发送至作者的电子邮箱:gchuang1962@163.com。

黄高才
2016 年春于咸阳

本科层次职业教育公共基础课系列教材

大学生美育

黄高才
刘会芹

编著

高等教育出版社·北京

内容提要

　　本书根据国务院办公厅《关于全面加强和改进学校美育工作的意见》（〔2015〕71号）精神编写。本书在准确揭示美的本质内涵的基础上，以三百多幅实物或实景图片为例，运用浅显易懂的语言，全面、系统地讲述了各种美的具体内容及其对人的不同价值。通过本书的学习，读者不仅能够养成基本的审美能力，还可以清楚地分辨美丑，形成正确的审美观，产生积极的生活情趣和审美追求，从而使人格不断走向完美。

　　为了拓宽读者的视野，丰富读者的人文知识，同时使读者获得更多的美感体验，在本书之外，作者又补充了一些视频、图片和文字资料。读者只要扫一扫书中的二维码，就能阅读和欣赏。

图书在版编目（ＣＩＰ）数据

　　大学生美育 / 黄高才，刘会芹编著 . -- 北京 ： 高等教育出版社，2016.8（2022.8 重印）
　　ISBN 978-7-04-046014-8

　　Ⅰ．①大… Ⅱ．①黄… ②刘… Ⅲ．①美育 - 高等职业教育 - 教材 Ⅳ．① G40-014

　　中国版本图书馆 CIP 数据核字（2016）第 173503 号

策划编辑　曹京华	责任编辑　马玉珍	封面设计　王　鹏		版式设计　张　杰
插图绘制　邓　超	责任校对　刘娟娟	责任印制　存　怡		

出版发行	高等教育出版社		网　　址	http://www.hep.edu.cn
社　　址	北京市西城区德外大街4号			http://www.hep.com.cn
邮政编码	100120		网上订购	http://www.hepmall.com.cn
印　　刷	北京市大天乐投资管理有限公司			http://www.hepmall.com
开　　本	787 mm×1092 mm 1/16			http://www.hepmall.cn
印　　张	13.25			
字　　数	270 千字		版　　次	2016 年 8 月第 1 版
购书热线	010-58581118		印　　次	2022 年 8 月第 8 次印刷
咨询电话	400-810-0598		定　　价	36.80 元

本书如有缺页、倒页、脱页等质量问题，请到所购图书销售部门联系调换
版权所有　侵权必究
物 料 号　46014-A0

目录

美

第一章　美与美育 / 1

第一节　什么是美 3
第二节　美的特点 4
　一、从属性 4
　二、直觉性 5
　三、认同性 5
　四、积极性 6
　五、时空性 6
第三节　美的表现及其分类 7
　一、美的表现 7
　二、美的分类 9
第四节　美育及其作用 11
　一、美育对学生发展的作用 11
　二、美育对学校发展的作用 12

第二章　审美活动 / 15

第一节　直觉反映 17
　一、自然审美 17
　二、艺术审美 17
　三、生活审美 18
第二节　情感体验 18
　一、自然观照 18
　二、艺术欣赏 19
第三节　精神感受 19
　一、蝴蝶的精神美 20
　二、蜜蜂的精神美 20
　三、蚂蚁的精神美 20

四、石间生命的力量 ⋯⋯⋯⋯⋯ 21
第四节 思想分析 ⋯⋯⋯⋯⋯⋯⋯ 23
　　一、人的行为 ⋯⋯⋯⋯⋯⋯⋯ 23
　　二、社会现象 ⋯⋯⋯⋯⋯⋯⋯ 24
　　三、类文化事物 ⋯⋯⋯⋯⋯⋯ 25

第三章　自然美 / 27

第一节 事物美 ⋯⋯⋯⋯⋯⋯⋯⋯ 29
　　一、基础与参照 ⋯⋯⋯⋯⋯⋯ 29
　　二、存在类型 ⋯⋯⋯⋯⋯⋯⋯ 30
第二节 景象美 ⋯⋯⋯⋯⋯⋯⋯⋯ 33
　　一、美感景象 ⋯⋯⋯⋯⋯⋯⋯ 33
　　二、精神景象 ⋯⋯⋯⋯⋯⋯⋯ 35
　　三、情感景象 ⋯⋯⋯⋯⋯⋯⋯ 35
第三节 情境美 ⋯⋯⋯⋯⋯⋯⋯⋯ 36
　　一、视觉情境 ⋯⋯⋯⋯⋯⋯⋯ 36
　　二、听觉情境 ⋯⋯⋯⋯⋯⋯⋯ 37
　　三、触觉情境 ⋯⋯⋯⋯⋯⋯⋯ 37
　　四、心理情境 ⋯⋯⋯⋯⋯⋯⋯ 37
第四节 意象美 ⋯⋯⋯⋯⋯⋯⋯⋯ 38
　　一、日月山水 ⋯⋯⋯⋯⋯⋯⋯ 38
　　二、珍禽灵兽 ⋯⋯⋯⋯⋯⋯⋯ 40
　　三、花草树木 ⋯⋯⋯⋯⋯⋯⋯ 42

第四章　生活美 / 45

第一节 服饰美 ⋯⋯⋯⋯⋯⋯⋯⋯ 47
　　一、服饰美的基本表现 ⋯⋯⋯ 47
　　二、中国古代服装管窥 ⋯⋯⋯ 48
　　三、中国古代饰品概览 ⋯⋯⋯ 51
　　四、美丽的民族服饰 ⋯⋯⋯⋯ 53
第二节 器皿美 ⋯⋯⋯⋯⋯⋯⋯⋯ 55
　　一、陶器 ⋯⋯⋯⋯⋯⋯⋯⋯⋯ 55
　　二、青铜器 ⋯⋯⋯⋯⋯⋯⋯⋯ 57
　　三、玉石器 ⋯⋯⋯⋯⋯⋯⋯⋯ 59
　　四、瓷器 ⋯⋯⋯⋯⋯⋯⋯⋯⋯ 60
第三节 饮食美 ⋯⋯⋯⋯⋯⋯⋯⋯ 63
　　一、茶道 ⋯⋯⋯⋯⋯⋯⋯⋯⋯ 63

二、酒德 65

三、美食 67

第四节　人情美 69

一、亲情美 69

二、友情美 69

三、爱情美 70

第五章　艺术美 / 71

第一节　音乐之美 73

一、天籁与音乐的起源 73

二、音乐艺术的基本特点 73

三、中国音乐艺术管窥 75

四、外国音乐的三大体裁 79

第二节　舞蹈之美 80

一、舞蹈艺术的基本特点 80

二、舞蹈的分类 85

三、中国民族舞蹈 86

四、外国舞蹈艺术 88

第三节　绘画之美 90

一、绘画艺术的一般特点 90

二、绘画的分类 92

三、绘画的基本表现手段 94

四、中国十大传世名画 96

第四节　雕塑之美 98

一、雕塑艺术的特点 98

二、雕塑艺术的种类 100

三、中国古代雕塑艺术览胜 100

四、外国雕塑名作 104

第五节　戏剧之美 106

一、戏剧的特点 107

二、戏剧的分类 108

三、中国戏曲艺术的特点 108

四、中国戏曲剧种举例 110

第六节　影视之美 112

一、影视的艺术特点 112

二、影视的基本表现手段 113

三、台词与音乐 ……………………………… 117

四、情节与矛盾冲突 ………………………… 117

五、蒙太奇 …………………………………… 118

第六章 文字美 / 119

第一节 形体美 …………………………………… 121

一、汉字的创造方法 ………………………… 121

二、独特的形体构造 ………………………… 122

三、汉字形体美的基本表现 ………………… 122

四、从形体演变看汉字之美 ………………… 122

第二节 内涵美 …………………………………… 127

一、汉字创造中的智慧 ……………………… 127

二、美妙的形义关系 ………………………… 129

三、汉字中的哲理 …………………………… 130

四、超越时空的表现力 ……………………… 131

五、构词功能强大的单字语素 ……………… 131

第三节 识用美 …………………………………… 131

一、易学易会、使用便捷的文字 …………… 132

二、汉字最容易被感知和察识 ……………… 133

三、超强的信息承载力 ……………………… 134

四、强大的文化凝聚力 ……………………… 134

五、巨大的发展空间和良好的兼容性 ……… 135

第四节 汉字书法美 ……………………………… 136

一、书法元素的真善美 ……………………… 136

二、汉字书法的道德精神 …………………… 139

第七章 辞章美 / 143

第一节 汉语之美 ………………………………… 145

一、音韵美 …………………………………… 145

二、词汇美 …………………………………… 145

三、修辞美 …………………………………… 147

四、语法美 …………………………………… 150

第二节 文学形象美 ……………………………… 153

第三节 文学意境美 ……………………………… 154

第四节 独特的文学样式 ………………………… 155

一、诗 ………………………………………… 155

二、词 ………………………………………… 163

三、曲 ……………………………………………… 168

四、对联 …………………………………………… 174

第八章　科技美 / 179

第一节　设计美 ………………………………… 181

一、莲鹤方壶 ……………………………… 181

二、半坡遗址半地穴式房屋 ……………… 181

三、河姆渡干栏式建筑 …………………… 182

四、都江堰 ………………………………… 182

第二节　技术美 ………………………………… 185

一、骨制品 ………………………………… 185

二、玉石器 ………………………………… 186

三、青铜制造 ……………………………… 187

四、金银器 ………………………………… 189

第三节　适用美 ………………………………… 191

一、陶甑 …………………………………… 193

二、陶澄滤器 ……………………………… 193

三、双耳算流灰陶壶 ……………………… 193

四、苇编 …………………………………… 194

五、尖底瓶 ………………………………… 194

第四节　效能美 ………………………………… 196

一、牛耕技术 ……………………………… 196

二、陶器轮制技术 ………………………… 197

三、无坝引水技术 ………………………… 198

四、活字印刷技术 ………………………… 199

第一章 美与美育

景美悦目,声美悦耳,味美悦口,情美悦心……世间万物,只要具备了美的属性,就能使人有所触动而产生积极的情感反应,从而为人所喜爱。例如,人们普遍喜爱鲜花,是因为鲜花悦人眼目,能够直接引起人的情感反应,使人身心愉快。

第一节　什么是美

美是指能够使人产生积极的情感体验,继而促使人的精神发生积极变化的事物属性。积极的情感体验具体表现为情感愉悦、身心轻松和感觉舒适等;积极的精神变化具体是指人在获得审美体验之后,或是产生了对审美对象的喜爱之情,或是产生了对美好生活的憧憬,或是精神得到了振奋,或是心中有了一种信念等。

为什么说美是事物的属性呢?因为美是依赖于事物而存在的,当事物不存在时,其能够表现出来的个性美也就随之消失。当然,如果事物在人的记忆中留下了深刻的印象,其个性美也相应会留下一些记忆,能够使人在回忆中体验到一定的美感。

例如,当人们看到鸳鸯双栖、彩蝶双飞(图1-1-1、图1-1-2)的情景时,首先产生一种直觉上的美感,继而会由物及人,联想到两个人相恋相依、相伴相随的美好情景。当眼前的情景消失后,人们的直觉美感会随之消失,联想活动也会很快终止,经验性知觉美感也会随之消失。

图 1-1-1　相恋相依

图 1-1-2　相伴相随

积极性是区分美与丑的根本标准。如果一件事物或一种行为在被人们认知之后,能使人的情感和精神发生积极变化,那么,它就是美的。反之,如果使人的情感或精神发生消极变化,它就是丑的。例如,在公开场合暴露身体被世界各国一致认为是丑恶行为,原因就在于它会刺激人的本能欲望,使一些人产生邪念。

在认识了美的本质之后,首先要弄清楚一个问题:美与艺术的关系。艺术是反映美的一类文化样式,也是一种美的载体,但艺术美仅仅是美的一小

图 1-1-3 李子熟了

部分。美只是艺术反映的对象,不等于艺术,也不一定都适合于艺术。例如,自然美是艺术反映的美的基础,但只有经过主观的再创造才能构成艺术,没有经过加工和改造的简单复制不能算作艺术。图1-1-3 这幅虽然很逼真地反映了果之美、叶之美及枝叶与果的相衬之美,但其中缺乏主观创造,所以它只是一张照片,不是艺术。

第二节　美的特点

　　由于美是事物的属性,事物无处不在,美也随处都有。美不仅易于为人们所感知和理解,能够直接唤起人的情感体验,而且可以引导人的感情倾向,使人对于美的事物产生喜爱之情。在同一文化背景下,人们的审美观具有高度的趋同性,这为生活美、艺术美和技术美等美的创造确立了约定俗成的标准。概括起来讲,美的特点主要表现在以下几个方面。

一、从属性

　　美是事物的属性,依赖于事物的存在而存在,随着事物的变化而变化,因此,美具有从属性。当美所依附的事物消失,美也随之消失。例如,花园里一朵花开得很鲜艳(图1-2-1),长在那里是一种风景,看到者都觉得很美。如果有一个人将其折下来,这份美将不复存在。

图 1-2-1 一朵鲜花

　　从欣赏的角度来看,美的从属性实际上既是一种限定性,也是一种约束性。一方面,要欣赏美,必须靠近它所依附的事物;另一方面,要想使那份美存在得长久一些,必须懂得呵护。

二、直觉性

美不论依附于何种事物,不论是以何种形态表现出来,都易于为人们认识和感受,并且能够直接唤起人的美感体验。因此,美具有直觉性的特点。例如,一处赏心悦目的自然风景(图1-2-2),人们一眼看过去就能感受到它的美,继而会产生眼目舒适、心里轻松等情感反应。

图 1-2-2 山水风光

美具有直觉性的特点,美的事物无处不在,一个人只要具备一定的美丑判断能力,就能随时随地获得美的体验,热情时刻被唤起,精神常常被激励,理想和信念不断被激活。这样一来,人就会时时感到生活的美好,从而拥有较高的生活质量。

三、认同性

世间事物都有美丑和优劣之分。作为一种事物的属性,美也有其判断和评价标准。与事物的优劣评价标准不同的是,美的评价标准没有定量性,只有文化的认同性。同一个文化背景之下,人们的价值观和审美观等决定其对美丑的判定与评价标准。例如,在崇尚自然这一中国文化思想的影响下,中国人向来以自然、本真和朴素为美。反映在人的外表方面,不加任何粉饰的浓眉毛、双眼皮、黑头发和红润的嘴唇等被人们一致认为是最美的。如果一个中国学生的头发本来是黑色的,她却把它染成了黄色的、红色的或者蓝色的,这实际上不仅是对本民族文化思想的一种背叛，也是对大众审美观念和审美标准的一种挑战。因此，在众人眼中会被认为是另类的。因此，当一个同学不自觉地进入审美误区时，不论是家长批评，还是老师提醒，都不是他们个人观念陈旧的问题——实际上他们代表的是同一文化背景下的所有人。他们认为不美，基本上就是人们普遍的看法。

四、积极性

美是指事物良善的一面，以对人产生积极的情感影响、改善人的精神状态为突出特点，积极性既是其核心与基础，也是区分美与丑的首要标准。一件事物、一种行为或者一类现象美不美，关键在于其对人产生的情感影响是不是积极的，以及能不能改善人的精神状态。如果能，它就是美的；不能，它就不是美的。例如，现在世界上很多国家都以立法的手段禁止女性穿着暴露，违者，要被惩处。这种情况说明，女性穿着过分暴露会被认定为是丑陋的。因此，女孩子在公开场合穿吊带服、超短裙和透视装等都是不美的行为。

五、时空性

因为任何事物都是在一定的时空中存在的，所以作为事物属性的美具有时空性的特点。例如，百花争艳的景象只有在春季才能看到，硕果累累的景象只能在秋天里观赏，这是美的时间性；金色的胡杨美景（图1-2-3）只有到西部去看，美丽的西湖风景只有到杭州去找，这是美的空间性。

图 1-2-3 胡杨林

换一个角度看,很多美是在特定的时空中存在的,当时空发生变化,美也会随之消失或者变化。例如,冬天里,舍友躺在床上看书睡着了,你给他盖上棉被就是关爱;夏日里,舍友躺在床上看书睡着了,你给他盖上棉被可能就是一种伤害。

总之,作为事物的属性,美具有以上五个基本特点。其中,积极性和认同性是其根本;没有积极性和认同性,或者缺少了其中任何一个,可能都算不上美。

第三节　美的表现及其分类

在现实生活中,我们时时处处都能感受到美的存在,只是感受的途径和方式有所不同——有的是看到的、有的是听到的、有的是品尝到的、有的是触摸到的,还有的是通过想象和联想体会到的。美的表现形式不同,人们欣赏美的方式和方法不同,获得的审美体验也各有不同。

一、美的表现

美是事物的属性,对于事物的存在形式具有依赖性和从属性。因此,美的表现形式一般是与它所依附的事物相一致的。概括起来讲,美的表现形式主要有以下几种。

1. 视觉形象

视觉形象是事物存在的一种基本形态,也是美的主要表现形式。不论是自然美、生活美,还是艺术美、技术美,大多表现为视觉形象。例如,艺术美中的绘画美、雕塑美和舞蹈美都是以视觉形象表现出来的。图1-3-1是唐代的石刻作品。这两件作品的造型美、体量美和工艺美是通过视觉形象表现出来的,其要表现的精神美,一部分通过视觉形象直接表现出来,另一部分是在视觉形象的触发下通过人们的想象和联想感悟出来的。

图1-3-1　唐代桥陵石狮

2. 真实情境

真实情境是自然美和生活美的一种主要表现形式。自然美的真实情境常常表现为迷人的景色(图1-3-2)、清新的境界、高远的空间等,一般都能使人的心境豁然、身心轻松;生活美的真实情境很多表现为欢乐的场面(图1-3-3)、热烈的气氛等,能够使人感受到生活的快乐,激励和鼓舞人的精神。

图 1-3-2 陕西师范大学校园景色

图 1-3-3 安塞腰鼓

3. 文化意象

在中国古典诗词中，有很多关于"明月"的诗，有的读来令人顿生思念之情，如"今夜鄜州月，闺中只独看"（杜甫《月夜》），有的读来使人有悲伤之感，如"明月夜,短松冈"(苏轼《江城子》)。为什么在诗文中读到"明月"二字,人们会产生强烈的情感反应呢?因为诗文中的"明月"已经不再是一种简单的自然事物,而是一种具有思想美的文化意象——"明月"是相思的象征。

文化意象是人类思想美和精神美的主要表现形式。这种表现形式以各种自然事物为基础,通过赋予其一定的思想和精神内涵而使其成为一个个文化意象,借以表现思想美和精神美。例如,电视连续剧《红楼梦》中有一首插曲《红豆曲》,其中唱到"抛红豆",抛的实际是相思,是愁绪。因为"红豆"在这里已经不是一种简单的事物,而是一种具有思想美和情感美的文化意象。

4. 感官知觉

美味佳肴是生活美的重要组成部分。香甜之美、舒适之美和快意之美主要是以感官知觉的形式表现出来的。例如,不论是甘蔗的甜美、佳肴的香美,还是好酒的醇美、果蔬的爽美,都必须通过品尝才能感受到。西瓜的味美是通过感官知觉表现出来的。为什么人们看到这幅照片(图1-3-4)就能感受到其爽口之美呢?这是因为以往的感官知觉在大脑中留下了印象,当西瓜形象再次出现时,以往的记忆性美感被唤起。

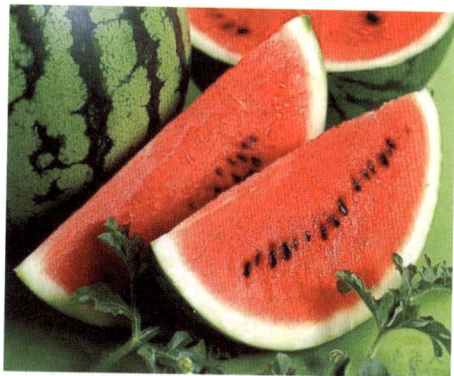

图 1-3-4　西瓜

5. 心理感受

亲情美、友情美和爱情美,这些美都是以心理感受的形式存在的,人们既可以在各种人际活动中真切地体验到,也可以通过文学和艺术作品以及现实情景感受到。例如,人们不论是聆听刘和刚演唱的《父亲》,还是聆听阎维文演唱的《母亲》,都能获得强烈的情感体验,感受到亲情之美。

二、美的分类

因为美没有主体性,只有从属性,美的分类一般是按照其所依附的事物的属性来分类的。按其所依附的事物性质来分,美主要分为自然美、生活美、艺术美、文字美、辞章美和技术美六大类。

看微课

风景美之华山风光

1. 自然美

自然美有两个含义:一是指自然界中各种事物美的属性,二是指事物与生俱来的美。自然美的最大特点是单纯、本真,没有经过人为加工,一般能够给人以清雅、和美和素朴的印象,使人从中感受到自然的意趣。

自然美既是一切美的基础,也是各种美创造的基本参照。自然美的内容

十分丰富，表现形式多样。其中，既有各种事物形象，也有各类情境，同时还有丰富的文化意象。例如，春天的牡丹、夏天的荷花、秋天的海棠、冬天的梅花，既是自然美的事物形象，同时又是具有思想美的文化意象；辽阔的大海、壮美的草原、高远的天空、美丽的春色、迷人的秋景等，这些都是自然美的情境。如图1-3-5所示，梅花在雪的映衬下显得傲骨铮铮，颇有神采，这是作为一种自然形象给人的美的印象。作为一种文化意象，它是坚贞、纯洁和高尚的象征——这是自然事物被赋予的思想美。

图1-3-5 雪梅

2. 生活美

生活美是指人们为了满足生活的需要，通过劳动创造的一切物质中所表现出来的美。生活美以服饰美和饮食美为基本内容，以器物美、建筑美和人际美为重要组成部分。

生活美与人的距离最近，对人产生的情绪和精神影响一般要比自然美直接和强烈，尤其是饮食美和人际美。因此，拥有一个良好的人际关系圈子，可以使人积极乐观、富于朝气和充满奋斗精神，事业更容易取得成功。

3. 艺术美

艺术美是以自然和生活为基础，通过对自然美和生活美的提炼和加工创造出来的一种美。相对于自然美而言，艺术美中不仅加入了思想美的元素，而且精神美更为突出。因此，艺术美不仅给人以积极、强烈的审美影响，而且能鼓舞人的精神、增强人的信念。相对于生活美而言，艺术美更加集中和典型，对人的情感和精神影响更为直接和强烈。

4. 文字美

文字是记录语言的符号系统。任何一种文字的创造都融入了人类的智慧。文字之美主要表现在两个方面：一是形体的图画美，二是表意的内涵美。

5. 辞章美

辞章美有两大内容：一是指语言本身所具有的各种美的元素，其中包括音韵美、词义美、修辞美和语法美；二是指各类以辞章形式存在的事物中所包含的美，其中包括应用文和文学作品的思想美、形象美和意境美等美的元素。

6. 科技美

科技美是指科技应用在产品上所表现出来的各种美，其中包括设计美、技术美、适用美和效能美。

第四节 美育及其作用

美育是以人对事物的审美判断与情感体验为基础,借助于各种事物之美对人进行积极的影响,从而实现人格塑造的一种教育。因为美育的形式生动活泼,美育的过程轻松愉快;因而,美育教育一般都能使人乐于接受,教育效果十分显著。

对于个人而言,美育不仅能够焕发生活热情、激励精神、培养志趣和优化心性,而且能够丰富思想和提升创造力。对于学校来讲,美育搞得好,学生的志趣高雅,行为偏差会大大降低。与此同时,美育搞得好,各种文艺活动也易于开展,校园气氛活跃,教学秩序会更好。

一、美育对学生发展的作用

因为美育是一种乐在其中的教育,不仅能够使人心情愉快,唤起人的生活热情,而且能够激励人的精神,培养人的情志。各种审美对象都具有唤起人的想象与联想的作用,因此,美育可以活跃人的思想,培养和提高人的创造力。总的来讲,美育对于学生的发展具有以下几个作用。

1. 激发热情

美育一般都是把事物美好的一面展示给人看,使人在获得审美享受的同时,感到生活是美好的,因而极易唤起人的生活热情,使人热爱生活,更有激情地生活。通过积极的审美活动,人们不仅能够看到生活的美好,而且可以感受到人生的精彩,从而更加热爱生活、热爱生命,更好地生存和生活。因为热爱生活,便会懂得生活,就会生活得更好。例如,观看舞蹈表演,看舞者无忧无虑、欢快地舞蹈时,我们不仅会倍觉轻松,而且精神会受到鼓舞。

2. 陶冶情操

美育活动通过唤起人们的美感体验而改变人的心境、纯洁人的灵魂、陶冶人的性情,使人以更加积极的心态,更加乐观地生活。美育还可以提高人们对美和丑的判断能力(即审美能力),增强人们的生活趣味等。以音乐欣赏为例,音乐对人的性情有极大的陶冶作用,会使人成为一个感情丰富的人,一个有格调和品位的人,一个富有同情心的人。工作之暇,茶余饭后,静下心来听一首歌,进入歌词的意境,不仅能陶冶我们的性情,而且能释放工作和生活压力,使我们身心清爽,感受到生活的美好。

3. 激励精神

当人们在审美实践中获得强烈的情感体验,生活热情被唤起之后,会自然而然地产生对美好生活的向往之情。有了对美好生活的向往之情,人的进取意识随之产生或增强,精神会得到激励和焕发。

4. 丰富和提升思想

在美育所利用的各种审美元素中,具有文化内涵的占绝大多数。例如,各种花卉大多都有花语;借以观照人格的各种事物形象,都有寓意或象征意义等。因此,美育不仅可以丰富文化知识,而且可以丰富和提升思想。

5. 提升创造力

美育活动都是以美好的事物形象或情境为基础展开的。美育所利用的事物形象或意境一般都能触发欣赏者的联想,引发其想象,使欣赏者的思维能力得到发展,创造能力得以提升。因为在美育活动中,人的心情是轻松愉快的,在这种状态下,思维是十分活跃的。因此,美育有利于学生思维的发展和创造力的提升。

二、美育对学校发展的作用

看微课

美育对学校
发展的作用

美育不仅能够使学生的志趣变得高雅,使其脱离低级趣味,而且可以增强学生的美丑和荣辱意识,减少其行为偏差,使学校管理的难度会大大降低。学生的审美能力增强,校园气氛活跃,学生生活热情高涨,进取意识增强,德智教育的效果也会显著提高。概括来讲,美育对学校发展具有以下几个方面的作用。

1. 降低学校管理成本

在文化大开放的背景下,学生的思想十分活跃。大多数同学在学生阶段都不同程度地遭受过各种压力,有一部分人心态已不再平和,思想不再单纯。在这种情况下,越是说教,越容易加重其逆反心理,从而导致管理成本增加。

美育通过唤起人的生活热情、修复人的心灵创伤、增强人的生活信念,使人对未来充满希望,从而激励和鼓舞人的精神。与此同时,美育可以增强人分辨美丑善恶的能力,强化人的荣辱意识,美化人的行为,使人自觉地约束自己。因此,美育课开得好,学生自我完善意识和进取意识会大大增强,违纪现象将会大大减少。学生管理的难度降低,维护校园秩序和环境等的各种管理成本也会大大降低。

2. 优化内部人文环境

学校内部的人文环境不仅影响着师生的情绪和精神状态,而且直接影响着教育教学质量,特别是德育质量。美育搞得好,学生的审美意识增强,志趣变得高雅,就会自觉地远离低级趣味的东西,积极参与各种文化活动。学校内部的各种文化活动不仅容易开展,更容易收到良好的效果。内部文化活动多了,不仅校园气氛活跃,师生热情高涨,而且人际关系会更加和谐,校园秩序会更好。

3. 提高培养质量

高等教育的根本任务是将学生培养成具有创造性工作能力的人。为了实现这个目标,基本的知识传授是必要的,但创造性思维能力的培养更为重要。没有创造性的思维能力,知识很难转化为能力。

一个人创造性思维能力的形成主要依赖于两个基础:一是丰富的感性积累,二是大量的想象与联想活动。美育不仅以各种事物形象和情境为基础,在丰富大学生的感性积累方面效果十分显著;而且时刻伴随着想象与联想活动,能够有效地培养和提高大学生的创造性思维能力。也就是说,美育课开得好,能够有效地增进智育效果,提高人才培养质量。这一点,已经被世界发达国家的教育实践所证明。

4. 增强发展后劲

一个学校有没有发展后劲,人文积淀和口碑是十分关键的。美育搞得好,师生乐在其中,校园秩序井然,不仅可以形成良好的校风,而且可以优化学校人文氛围,增加人文积淀。更为重要的是,美育抓得好,学生的热情被唤起、精神被激励、信念被强化,这样更容易使其成才。学生成才以后,他们会感恩母校、赞誉母校、回报母校,学校发展的后劲也会更足。

第二章 审美活动

由于美无处不在，人们的审美活动随时随地都会发生。其中，有的是在无意识状态下自然而然发生的，有的是在有意注意的情形下发生的。由于主观作用不同，对美的体验深度就不同，获得的审美享受也各不相同。一般情况下，在审美活动中，主观能动性越强，对美的体验越深刻，获得的美感享受就越充分。

人们的审美活动一般分为休闲性审美、情感性审美、精神性审美和思想性审美四种类型。表现在美感体验上一般是直觉反映、情感体验、精神感受和思想分析。

第一节　直觉反映

　　美的事物一般都能唤起人的情感体验,使人轻松愉快。美具有直觉性,易于为人们所感受。因此,人们将各种审美活动作为积极的休闲生活方式。在休闲性的审美活动中,人们对美的体验一般表现为直觉反映。下面通过分类举例来说明。

一、自然审美

　　人们经常到花园里赏花,在公园里散步,或者登山临水等。在这些休闲活动中,人们能够获得各种自然美的审美体验,从而感到舒适和惬意。

看微课

自然审美

　　在公园里赏花,直觉美感可能来自于鲜花的美丽,也可能来自于枝叶的鲜活,还可能来自于小草的精神暗示;在公园里散步,直觉美感可能来自于花香鸟语,也可能来自于浓荫下的清爽,还可能来自各种视觉景象等;登山时的直觉美感,可能来自于树木的葱茏、林荫的夹道,也可能来自溪水的清爽,还可能来自于花草的幽香等;临水的直觉美感可能来自于水的清澈、水面的辽阔,也可能来自于清风的凉爽等。

　　总之,一切自然美的东西都易于引起人的直觉反映,唤起人的美感体验,使人感到轻松愉快。

二、艺术审美

　　相对于自然美而言,艺术美比较典型和集中,更容易引起人的直觉反映。当一幅画吸引了人的眼球,一段音乐触动了人的耳膜,一件雕塑引起了人的注意,审美直觉就会随之产生。

看微课

艺术审美

　　人们参观画展,欣赏一幅幅绘画作品时,首先感受到的是其色彩美、线条美和构图美;在经过分析之后,才能体会到其中的思想美和精神美。欣赏音乐,最直接的感受是旋律美和节奏美;至于音乐形象、音乐意境等,只有在展开了想象和联想之后才能理解和把握。面对一件雕塑作品,人们首先感受到的是其体量美和工艺美,作品的象征意义只有经过联想分析之后才能理解和把握……

　　在一切艺术审美活动中,直觉反映都是最先发生的。在经历直觉反映这一阶段之后,情感体验、精神感受和思想分析等深层次的审美活动才会相继发生。

三、生活审美

看微课

生活审美

生活中的事物之美，很多是直接诉诸人的感官的，单凭感官知觉就能完成整个审美过程。例如，享受各种美食，不论是观其色、闻其香，还是品其味，都是感官知觉审美，其审美感受一般表现为直觉反映；饮酒、品茶、喝咖啡，这些审美活动都是直觉性的。

在这里，需要注意的是，人的休闲性审美活动常常是综合性的，获得的美感直觉有时也是比较丰富的。例如，我们到咖啡馆里去喝咖啡，本来是去品味咖啡的美味，但咖啡馆里清雅的环境和优美的音乐使我们感受了艺术之美，桌上一盆鲜花又使我们感受了自然之美。

第二节　情感体验

人类生活之美关键在于一个"情"字。不论是亲情、友情，还是爱情，有真情存在的地方，都会使人感到美好。感情虽然存在于人的内心，但可以通过自然事物的关照和艺术作品表现出来。也就是说，在自然审美和艺术欣赏活动中，人们都能获得一定的情感体验，感受到人生的美好。

一、自然观照

在自然界中，有很多事物被人们赋予了思想内涵，用来象征人类感情的美好。例如，双栖的鸳鸯、成对的蝴蝶和并蒂莲花象征着美好的爱情，羊羔跪乳、乌鸦反哺和善竹同根象征着亲情，藤树相依和善水载舟能够使人看到友情。

图 2-2-1　母爱

如图 2-2-1 所示，在贺兰山光秃秃的石山上很难见到绿草，可以食用的树叶也不多。为了给孩子找一口吃的，老岩羊顶着烈日，不知已经翻越了多少山头，但丝毫看不出疲倦。透过这幅图片，我们仿佛能联想出老岩羊似在回眸的瞬间，似乎要告诉孩子："再坚持一会儿，前面就有吃的。"面对着这样的情景，我们会自然而然地感受到亲情的力量，获得情感美的体验。

《叶落归根》(图2-2-2)所反映的
情境中包含着丰富的情感元素,只要展
开审美联想,就会获得充分的情感体
验。每一片叶子都是树木养育的,为了
不负养育之情,叶子在生长时以勃勃生
机显示着自强不息的精神,把吸收到的
每一分阳光都化为养分回报给树木;当
生命枯萎,叶落归根时,又让自己化为
泥土中的一份养分,再次回报树木的生
养之恩。从落叶身上,我们不仅能够得
到精神的激励,还能获得真情的洗礼。

图 2-2-2　叶落归根

有很多自然事物和景象具有情感观照性。在面对这类事物或景象时,只
要善于联想,就能从中获得情感体验,得到审美享受。

二、艺术欣赏

艺术以触动人的情感神经、引起人的情感反应为基本手段,对人进行熏陶
和感染,从而美化人的心灵、完善人的道德、振奋人的精神,使人更加快乐、更
加高尚、更加充实和更加有为地生活。因此,艺术欣赏活动总是和情感紧密联
系在一起的。例如,人们在观赏影视剧时,时而为剧中人物的命运伤感落泪,时
而为他们开心;在欣赏声乐作品时,经常被乐曲的旋律和歌词的意境带进想象
与联想之中。这些都是情感体验的结果。

除了自然事物的观照和艺术表现外,在各类辞章中集中表现感情的例子
俯拾皆是。特别是古典诗词,以抒情为创作目的的占绝大多数。例如,柳永
的《雨霖铃》、李清照的《武陵春》、陆游的《钗头凤》等,都是感人肺腑的抒情
名篇。

第三节　精神感受

不论是自然界,还是人类社会,都存在着一些从表面上看很普通、很平常
的事物或现象,但只要对这些事物或现象加以审美分析就会发现,它们具有一
种令人感动的精神美。

一、蝴蝶的精神美

看微课

蝴蝶之美

一对蝴蝶结伴而飞（图2-3-1）是一种人们能够经常看到，似乎十分普通的情景。一般人看到这一情景，最直觉的判断是蝴蝶很美丽。其中，有的人也会联想到梁山伯和祝英台的故事，从而获得一定的情感体验。但很少有人对这一景象进行深层次的审美分析，错失了精神美给人的激励和鼓舞。

这一情景的精神美表现在哪里呢？很多种蝴蝶的生命是短暂的。但不论是只有一个月，还是只有短短的几天，蝴蝶都会快乐地飞舞，似乎在展示自己的美丽，享受生命的美好。在蝴蝶身上，我们能够看到一种乐观向上的精神，从中受到激励和鼓舞。

图2-3-1　蝴蝶

图2-3-2　蜜蜂

二、蜜蜂的精神美

看微课

蜜蜂之美

蜜蜂（图2-3-2）中的工蜂寿命一般是30~60天。在有限的生命里，蜜蜂辛勤劳作，采花酿蜜，从不懈怠，直到生命的最后一刻。在蜜蜂的身上，不仅昭彰着勤劳的美德，而且书写着无私奉献的精神。从蜜蜂身上，人们不仅会受到道德的感染，而且能得到精神的激励。

三、蚂蚁的精神美

看微课

蚂蚁之美

一只蚂蚁在搬移着重量是自己体重数倍的食物（图2-3-3）。蚂蚁是渺小的，其貌不扬，常常被人忽视。但从这幅图展开思考，很多人的内心会有这样的感受：虽然蚂蚁的力量很单薄，但为了创造美好的生活，它不怕困难，不辞劳苦，拼着全部体力也要把重量大于自己数倍的食物搬回去，不仅是为了自己，也为了同巢中的"亲友"。从这幅图中，我们首先看到的是蚂蚁坚忍、顽强的精神，

图 2-3-3　坚韧顽强

图 2-3-4　合作精神

其次看到的是蚂蚁的担当、刚健有为和奉献精神等。

从五只蚂蚁协力搬移半颗花生的情景中(图 2-3-4),我们既能看到蚂蚁的合作精神和集体意识,也能看到蚂蚁的进取和拼搏精神等。

四、石间生命的力量

贺兰山山石间生长的树木(图 2-3-5)、泰山上扎根石中的树木(图 2-3-6),展现给人们的不仅是生命的力量,也饱含了自强不息、顽强拼搏的精神,以及扎根贫瘠依然乐观向上的精神等。

看微课

石间生命的力量

图 2-3-5　贺兰山石间生命

图 2-3-6　泰山扎根石中的生命

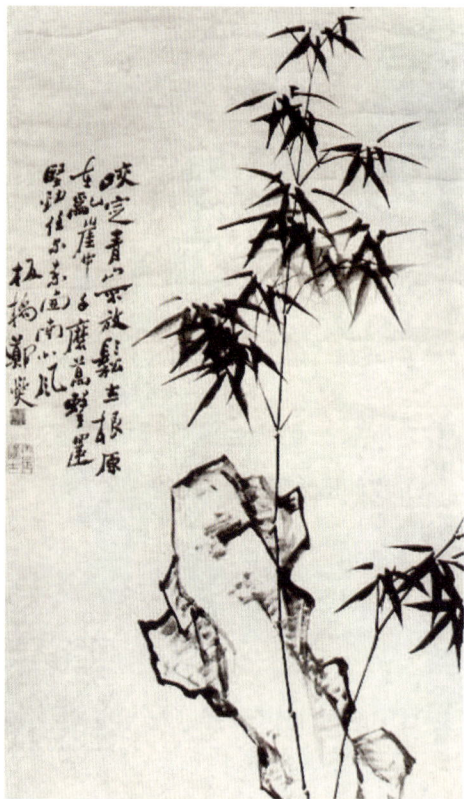

图 2-3-7　郑燮《竹石图》

图 2-3-8　苏武牧羊

在自然界中，具有精神美的事物和景象随处可见。只要善于展开联想和分析，一般不难从中获得激励和鼓舞。

在各类艺术样式中，表现精神美的作品也很多。相对于自然事物和景象中所具有的精神美而言，艺术作品所表现的精神美更加典型和突出，能够给人的激励和鼓舞更为强烈。

清代郑燮的《竹石图》(图 2-3-7)，以坚硬的岩石为背景，画了两枝形象清瘦但奋发向上的竹子。画上的题诗是"咬定青山不放松，立根原在破岩中。千磨万击还坚劲，任尔东西南北风"。不论是画中物象，还是画上题诗，都表现出竹的气节和精神。竹虽扎根贫瘠，依然不失奋斗之志；历经风雨，毅然坚守信念。

苏武牧羊(图 2-3-8)是苏武纪念馆门前的主题雕像。要弄清楚这一雕像所表现的精神美，得联系历史来看。

西汉天汉元年(公元前 100 年)，苏武奉命出使匈奴，恰逢匈奴内乱，苏武被扣。匈奴贵族威逼利诱，逼迫苏武背叛汉朝，臣服单于。苏武宁死不降。于是，匈奴人将他迁到北海边牧羊，采用冷冻、饥饿等非常手段逼降。在食物断绝，连草根都没得吃的情况下，苏武硬是吃着破棉絮来充饥。就这样，苏武在常人难以想象的折磨下，被扣匈奴十九年，始终持节不屈。

因为苏武的气节精神突出表现在北海牧羊这样的非常时期，所以创作者通过苏武牧羊的形象来表现其精神品德。

李清照有一首《无题》诗是这样写的："生当作人杰，死亦为鬼雄。至今思项羽，不肯过江东。"这首诗既表现了项羽的精神美，又表达了作者坚守气节的情志。要理解诗中的精神美，就有必要了解项羽乌江自刎的历史背景。在垓下被围后，项羽凭借着自己的勇武杀出重围，带着几十个人逃到乌江边上。这时，乌江亭长要划船送项羽过江。项王对乌江亭长说："天之亡我，我何渡为？且籍与江东子弟八千人渡江而西，今无一人还。纵江东父兄怜而王我，我何面目见之？纵彼不言，籍独不愧于心乎？"这段话既表现了项羽对江东父老的愧疚之心，同时也表现了他知耻之心和不苟且偷生的气节精神。

第四节　思想分析

大学美育的一个重要任务是培养学生判断美丑善恶和分辨是非的能力。这种能力既是做人的基本能力，也是做事的重要基础。培养这种能力的途径和方法很多，思想分析是最为有效的一种。

因为自然事物和景象之美一般凭直觉就能作出判断，并且很容易从中获得情感体验，所以，这里讲的思想分析主要是就人的行为、社会现象和以文化样式出现的各种事物而言的。

一、人的行为

一个人能不能赢得他人的尊重、拥护和帮助，关键在于他的人格。一个人的人格最直观的表现是他的行为。那么，什么样的行为是美的，什么样的行为是丑的，有没有明确的标准？

在任何一个文化背景下，人们行为的美丑是非都有一些基本的评价标准。这些标准首先表现为本民族的道德规范，其次表现为人类最基本的文明观念，再次表现为同一文化背景下人们的审美观和价值观等。

例如，当看到有人在竹子上乱写乱刻（图2-4-1）时，我们会很快作出是非判断——这种行为是不美的。因为这种行为是一种破坏行为，行为的结果直接损害了公共利益，具有明显的丑恶性，所以人们一般都会认为是不美的。

近年来，在人群中存在着一些颇有争议的行为。例如，女孩子在公开场合穿露着肚脐的低腰裤，穿裸露大腿的超短裙，男孩子留怪异的发型……怎样来看这些行为的美丑呢？

首先，从法律和道德的层面来看。很多国家采用立法手段明令禁止在公开场合穿

图2-4-1　被乱刻的竹子

超短裙裸露大腿,违者就会受到惩处。由此可见,穿超短裙裸露大腿被普遍认为是一种不美的行为。联系起来看,过分裸露肩膀、肚脐等行为也是不文明的。

其次,从人类最基本的文明观念来看。对于成年人来讲,身体暴露是人类一致认为的不文明行为,尤其是身体敏感部位的暴露。

再次,站在中国文化的背景下来看。袒胸露腹历来被人们认为是一种粗俗的行为。据此来判断,不论是裸露肩膀、肚脐,还是大腿,都是不美的行为。

关于以上这些行为,我们常会听到"熟不拘礼""夏不拘礼"一类的托词。"不拘礼"就是无礼,无礼实际上就是不美的行为。

特别要注意的是,虽然人的很多行为不能完全依据道德规范对其作出是非美丑的准确评判,但在旁观者的心中无疑会有一个基本的看法。例如,在正式场合,你穿着大腿部位有破洞的裤子,虽然不违法,也不受道德的谴责,但在旁人的眼中,你不会被认为是行为端庄和气质高雅的人,很难给人留下"有修养"的好印象。

能够分辨行为的美丑,并自觉约束自己的行为,使自己的每一个行为都合乎社会道德规范,你就能够赢得他人的尊重。别人尊重你,才会拥戴你、帮助你,你的事业才可能辉煌,人生才会精彩。

二、社会现象

人在社会上生活,不可能不受社会环境的影响。关键是在面对各种社会现象时,能够分辨是非美丑,择善而从。对于那些不良的现象,只有思想不受其影响,行为不受其干扰,才能坚守人生正道,活出自己的精彩与辉煌。

近年来,社会上有一种普遍现象—— 有些青少年盲目追星,使自己的人生观和价值观出现偏差,进取意识被弱化;或人生理想严重脱离实际,正常的学业被荒废……这两种情况最终导致的后果都是令人惋惜的。

只要稍加分析和思考就会发现,盲目追星实际上是一种思想幼稚的表现。那些明星们绝大部分也是普通人,他们只是凭借自己的天赋在从事适合他们的职业而已。对这样的普通人进行盲目崇拜,不仅是对自身价值的贬低,而且会导致自己的人生目标出现偏差。

又如,在近些年的大学毕业生中也存在一种现象——毕业后,人们都想找一份自己理想中的工作,但有一部分人一旦理想与现实发生冲突,干脆待在家里"啃老"。造成这种现象的原因是多方面的,其中一个主要原因是一些大学生的思想不够成熟,眼高手低,缺乏脚踏实地的精神。

其实,只要认真地想一想就会明白,任何一个社会都不会因某个人的意志而发生改变。当理想与现实发生冲突时,每一个人都必须调整自己的思路,学会适应和融入社会。况且,任何一份职业只要踏踏实实去干,都能干出成绩,都可能使自己的人生变得辉煌。

三、类文化事物

在自然界中有两种现象,一种是长在花园里的杂草,虽然不能成为审美主体,不能使人赏心悦目,但与人无害,有时候还能增添一点意趣;另一种是长在菜园里的毒草,常常被人误食,致人中毒,直接危害人的健康。在文化生长的社会土壤上,也有与这两种现象极其相似的情况,很多貌似文化的东西有一部分是对人无大益但也无害的非文化。所谓非文化是指那些虽有文化的一般表现形式或搭载于文化的常用媒介,但不具备文化的基本特点,不能够对人们产生积极作用,同时也不会对人们造成危害的事物。例如,一些逗乐的笑话、纯粹娱乐性的电视小品、口技、魔术和模仿秀等。还有一部分是对人直接有害的反文化。反文化是指那些危害人们的思想和精神健康,弱化人的道德心,以及容易使人的行为出现偏差的社会事物。例如,那些拿人的"口吃"取乐,拿人的贫穷作为笑料的小品,不仅会弱化人们的同情心和关爱心,而且会给对应的人群造成精神伤害,这样的作品就是反文化。不论是非文化,还是反文化,凡是以貌似文化的形式出现的,统称为类文化事物。

类文化事物只有文化的表现形式,没有文化的基本内涵。其中,非文化性的一般对人没有危害,反文化的都会对人产生危害。

反文化对人们的影响是消极的,其消极性可以从各个方面表现出来:一是玷污或腐蚀人们的思想,使人们的人生观、价值观和审美观等出现倾斜;二是腐化人的精神、动摇人的信念、削弱人的进取心、消磨人的意志等;三是侵蚀人的心灵,使人丧失仁爱心、同情心、宽容心等;四是刺激人的本能和欲望,使人的行为失控……总之,反文化的作用不论从哪个方面表现出来,都会对人们和社会造成危害。

值得注意的是,反文化有时并不是独立存在的,而是作为一种元素隐含在一些文化或非文化的事物之中的。例如,一个五音不全的人,梦想成为一个歌唱家,整天弹着吉他在街头卖唱,这件事本身对年轻一代来讲就是一个反面教材。一个人要想有所作为,首先必须从自身的实际出发,空想、幻想都可能自误。如果把这样一个反面教材当作正面典型来搬上荧屏,实际上就是把一种非文化催化成一种反文化。因为如果这样做,实际上是对空想、幻想等错误行为的一种鼓励,是一种误人的行为。当一个人迷失于幻想中的时候,即使你不去惊醒他,他也可能会自我惊醒,但是你鼓励他去幻想和空想,就会使他迷失得更远。

反文化的危害性虽然在很多时候是潜在的,但其对人们和社会造成的影响是不可忽视的。从对个人的影响来看,反文化不仅会腐化人的思想、扭曲人的灵魂、摧毁人的精神、泯灭人的道德意识等,还会直接使人的行为出现偏差,甚至违法犯罪。例如,一些人看完反文化的淫秽录像后,淫欲冲昏头脑,失足于强奸犯罪的泥潭;还有的人受"有钱能使鬼推磨"反文化思想的影响,物欲膨胀,走上了抢劫、偷盗等犯罪的道路。

反文化是一种精神毒品,常常像真正的毒品那样,也能够给人带来一些快感,容易使人不自觉地接受它,在不知不觉中受其毒害。因此,要善于识别和自觉地抵御反文化,切实维护自身和社会的健康发展。

第三章 自然美

自然美是指各种自然事物美的属性和非自然事物原本就有的美的特质。自然美具有广泛的认同性，它既是人们审美思想形成的基础，也是各种审美标准产生的基础，同时也是生活美、艺术美和技术美创造的参照和范本。因此，人们不论是欣赏美，还是创造美，一般都从认识自然美开始。

第一节　事物美

　　歌曲《我的祖国》中有一句歌词："姑娘好像花儿一样。"这句歌词之所以用鲜花来比喻姑娘之美,是因为鲜花这种自然事物是人们公认的美的代表和象征。和鲜花一样,自然界中有很多事物都具有美的特质。

　　本节中所说的事物特指各种自然事物。事物美既是自然美的主体部分,也是一切美的创造活动的基础。不仅人们对美的认识是从自然事物开始的,而且人类各种美的创造活动也是从对事物美的利用、改造和模仿开始的。

一、基础与参照

　　当自然事物的美通过悦目、悦耳等引起了人们的兴趣,人们对美的认识活动就开始了。在认识美和欣赏美的过程中,人的审美意识不断被强化,美的创造欲望也随之产生。例如,上古时代,当人们在不断地聆听天籁之音以后,逐渐具备了音乐欣赏的能力,音乐的创造意识便不断被强化,于是,陶埙、笛子等相对简单的乐器就被制造出来。从此,人们的生活中就有了音乐美。

图 3-1-1　贾湖骨笛

　　1987年,在河南省舞阳县贾湖遗址出土了一支距今8 700年前的骨笛(图3-1-1)。这支骨笛是用鹤类尺骨管制成,磨制精细,7孔。中央民族乐团的演奏家用这支骨笛进行了演奏,发现这支骨笛不仅能够奏出完整和相当准确的五声音阶,音色明亮、古朴,而且还能够完整演奏一些现代乐曲,如中央民族乐团的演奏家使用这支骨笛吹奏出了五声阶的曲子《小白菜》。

　　特别要注意的是,这支骨笛的制造至少在两个方面取法于自然:一是气流通过孔洞的发声原理;二是鹤骨的良好质地。

　　人类对于自然美的利用在上古时代的装饰品上十分常见。北京山顶洞遗址出土了 125 枚距

图 3-1-2　穿孔兽牙

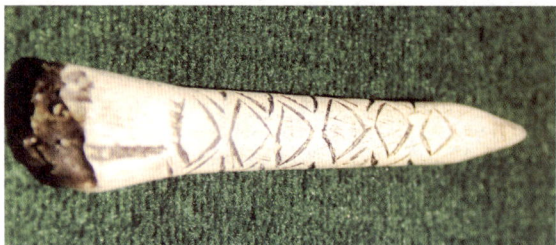

图 3-1-3　有环线纹饰的撮棒

今 3 万年前的穿孔兽牙(图 3-1-2),每枚兽牙的牙根均有一个穿孔,有的因长期佩带,孔眼已磨光变形。其中有 5 枚出土时呈半圆形排列。据此,可以判定,这些穿孔兽牙当时可能是成串的项饰,即山顶洞人佩戴在颈部的装饰品。值得思考的是:一是人们能够将兽牙穿起来做成项饰,说明当时山顶洞人已有了一定的审美意识。二是人们将兽牙穿起来作为装饰品,说明人们觉得这个东西是美的。

不论文化的源流存在多大的差异,也不论文化思想有什么不同,人类对美的认识过程基本是相同的。在欧洲马格德林文化时期的遗址中出土的一件撮棒(图 3-1-3),其制作年代距今约 14 000 年。这件物品不论是形状,还是纹饰,在制作时都是以自然事物之美作为参照的。

二、存在类型

自然造化的神奇是语言难以形容的,事物品类之丰富也是很难用数量去描述的。自然事物无处不在,其中可作为审美对象者难以数计。这里,仅就人们所熟悉的自然事物归类举例做一个审美性的简介。

(一) 天地日月

天地日月美的内涵和表现情态非常丰富,能够给人多种审美感受并易于唤起人们的审美体验。在各种艺术作品、文学作品中,天地日月出现的几率很高。例如,"大漠孤烟直,长河落日圆"表现的是壮美,"夕阳无限好,只是近黄昏"描写的是凄美,"明月松间照,清泉石上流"(图 3-1-4)表现的是静美,"月上柳梢头,人约黄昏后"描写的是幽美……在文学作品中,有关天地日月的描写俯拾皆是;在各种艺术作品中,以天地日月为表现对象的不胜枚举。

天空之美首先在于它的博大、高远和辽阔,给人以心旷神怡的视觉美感;其次,蓝天白云的点缀,使天空清新净美,给人以清爽、清新和纯净的美感;再次,天空的空旷给人以轻松的心理感受。

大地之美首先表现为活力美和生机美,使人看到希望,激励和鼓舞人的精神。其次,表现化育万物和承载一切的精神美,不论是春夏秋冬,还是风晴雨雪,各种美的景象都在大地上演绎;再次,平原的辽阔、山地的灵秀、泥土的气息等各有其美。

太阳之美,首先在于光明和温暖;月亮之美,首先在于明亮和清净。在

图 3-1-4　明月松间照

其自然美的基础上，人们又赋予了它们丰富的人文内涵，使它们成为文化意象。

（二）山水树石

山水之美是自然美中最具魅力的部分，历来被人们视为大美。古往今来，不仅人们乐游山水，寄情于山水，而且将山水之美作为辞章和各种艺术作品表现的重要内容。从泰山上历代人们留下的手迹（图 3-1-5），到华山上的各种历史印记；从西湖的传说，到下扬州的佳话，无一不见证着人们的山水之爱。

山之美首先在于厚重美、稳定美和崇高美；其次，因山势、高度等的不同，山还有奇险、俊秀和巍峨等各种美的姿态；再次，走进山中，人们还会真切地感受到清新美和幽静美等自然之美。例如，泰山以雄伟和崇高而受人敬仰，华山以神奇险峻而令人神往。

水之美首先在于清澈和爽净，其次在于柔和。此外，与水相关的雨、雪、冰、露等各有其美，都能使人获得一定的审美体验。例如，人们经常用"冰清玉

图 3-1-5　泰山书法

图 3-1-6　泰山石缝中的松树

图 3-1-7　泰山石

洁""心地澄澈"等词语赞美人,就是取义于水之美的。

　　山之美离不开树和石。树之美首先在于生机与活力,即人们所说的生机盎然、郁郁葱葱等,其次在于姿态和精神(图3-1-6)。石之美首先在于坚固和安稳,其次在于形态。此外,树与石的结合常常表现出一种精神美(图3-1-7)。

(三) 珍禽灵兽

　　在现实生活中,有的人喜欢养鸟,有的人喜欢养鱼,很多人家还养小猫、小狗……人们之所以将这些作为一种乐趣,是因为珍禽灵兽各有其美,能够给人以或多或少的审美享受。例如,鸟儿美丽的羽毛(图3-1-8)、清脆的叫声,鱼儿美好的形象、欢快的动作(图3-1-9)等。

图 3-1-8　觅食归来

图 3-1-9　畅游

（四）花草果蔬

花草果蔬是人们接触最多的自然事物,也是人们从中获得审美感受最多的事物。这些美不仅全方位地融入了人们的日常生活,而且是人们艺术创作、辞章表现和工艺品制造等最常见的题材。

鲜花之美有的表现为美丽的色彩、有的表现为清醇的香气、有的表现为优雅的形态,更多的是兼而有之(图3-1-10)。与此同时,鲜花之美还在于生机与活力。鲜花之美既是人们一致认同的自然美,也是人们评价事物美丑的基本参照。例如,人们把少年儿童比作花朵,说"姑娘好像花儿一样"(歌曲《我的祖国》),就是以鲜花之美作为审美参照的。

草之美首先在于生机、活力和精神,其次在于其清爽悦目的绿色,很多草还会开出朴素的小花,有一种清纯之美。

果蔬之美首先在于其爽口之味,其次在于其色、香和形等。更为重要的是,当果蔬进入人们的生活之后,又成为生活美的一部分,使人获得直接而真实的美感享受。

图3-1-10　牡丹花

第二节　景象美

事物美是就各种事物的个体形象而言的,景象美是指事物的群像美。一种景象不论是由一组同类事物组成,还是由一组不同的事物构成,其基本特征都是以群像的形式出现的。相对于事物的个体形象之美而言,景象美的内涵更加丰富,给人的美感体验更为强烈。

从《诗经》中的"蒹葭苍苍,白露为霜"(《诗经·蒹葭》),到唐诗中的"明月松间照,清泉石上流"(王维《山居秋暝》),中国古典诗词中的景象描写随处可见。景象一般是通过给人以视觉美感而直接引起人的情感反映,也有一部分是通过触发人的想象,使人的思想有所触动,从而激励和鼓舞人的精神。

看微课

美感景象

一、美感景象

美感景象是指具有充分的视觉美,能够直接引起人的审美感受的景象。美

图 3-2-1 果实累累

图 3-2-2 秋天的白杨

感景象一般为单纯的自然景色,使人一看就觉得很美,但很少有能够直接触发人的想象的特征或暗示性。

美感景象是各类景象中数量最多的自然景象。例如,春天桃花盛开的景象、夏天荷花盛开的景象、秋天果实累累的景象(图 3-2-1)、冬天寒梅傲雪的景象,这些都是美感景象。

美感景象不论是由一组相同的事物组成,还是由一组不同的事物组成,其美感都要比任何一个组成元素原有的美感强烈。这是因为组成景象的事物美感互相叠加,其视觉冲击力比单个事物形象要强烈得多。秋天的白杨构成的景象之美(图 3-2-2)并不在于白杨树本身的形象,而是一组白杨共同表现出的金秋景色。

美感景象能够直接唤起人的美感体验,使人获得充分的审美享受,但也会使人的思想停留在审美的层面。也就是说,美感景象除了具备美的特征外,一般很少有思维的启示性,不能将人的思维活动引向深入。

二、精神景象

在自然界中,有一些景象使人一看就能将其与人的精神联系起来,这类景象我们称之为精神景象。例如,不论是在陡壁上生长的小树,还是在石缝中生长的小草(图 3-2-3),都表现出了生命的力量。这样的景象能够使人联想到坚毅、顽强和努力拼搏等人格力量,具有精神美的内涵。又如,寒梅傲雪的景象之美(图 3-2-4)虽然直接表现为梅花的艳丽,但其大美却在于梅花傲雪斗寒的精神。

看微课

精神景象

精神景象是一种以物观人的景象,虽然很多精神景象都有自然美的属性,但是这种景象的美主要还在于它所表现出来的人格精神之美。欣赏这类景象,也要以其所表现的精神美为关注点。

图 3-2-3　生命的力量

图 3-2-4　雪梅

三、情感景象

情感景象是指那些具有一定的感情特征,能够使人联想到亲情、友情或者爱情的景象。情感景象之美主要在于它所表现出的感情美。通过情感景象,人们不仅能够获得积极的情感体验,而且在一定程度上能够受到灵魂的洗礼。鸟儿哺育小鸟的景象(图 3-2-5),会使人们联想到父母的养育之情,重温亲情的美好。羊羔跪乳的景象(图 3-2-6)让人们联想到母亲的养育之情,从而使人们的感恩之情更为浓厚,报恩之心更为迫切。

看微课

情感景象

图 3-2-5　鸟儿哺育小鸟　　　　　　图 3-2-6　羊羔跪乳

第三节　情境美

　　情境美实际上就是环境美。不论是事物的形象美，还是景象美，人们都只能置身物外去欣赏，只有情境美可以使人置身其中去体验。因此，情境美给人的美感享受是充分的，使人获得的美感体验是直接而强烈的。唐代张继的一首《枫桥夜泊》不仅描绘了富有诗情画意的视觉情境，而且描写了美妙的听觉情境。从视觉方面看，月亮落下时分，江上的渔火显得格外明亮，在渔火的映照中，因思念亲人而彻夜难眠的游子形象显得十分清晰；从听觉方面看，夜半的钟声，不仅打破了夜的宁静，而且打乱了游子的思绪。正是因为这首诗的视听觉情景交融，使其成为备受人们推崇之作，诗中的枫桥、寒山寺等景物也因此闻名于世。

　　根据情境能够使人获得的主要美感体验来分，自然情境大致可以分为视觉情境、听觉情境、触觉情境和心理情境四种基本类型。

一、视觉情境

看微课

视觉情境

　　视觉情境是自然情境中数量最多、内涵最丰富的一类情境。所谓视觉情境，是指具有充分的视觉美感，能够通过悦人眼目唤起人的情感体验，使人获得审美享受的情境。

　　不论是春夏秋冬，还是江南塞北，每一种时空下都存在着各种各样的视觉情境，悦人眼目，舒人心境，催生人对美好生活的向往之情。例如，春天满目新绿、一派生机的情境，秋夜皓月当空、万物静肃的情境；江南湖水清幽、绿树倒映的情境，塞北天空高远、白云悠悠的情境。

　　视觉情境之美有的表现为旷远的空间感，有的表现为视觉的清新感，有的表现为鲜明的色彩美，有的表现为景物的丰富性和层次感等。

二、听觉情境

自然界中存在着各种美妙的声音,人们称之为天籁。天籁之音以其自然、纯净和清雅等美的特质,常常给人以美的听觉享受。在自然界的各种情境中,以天籁之音为主要审美元素的情境,称之为听觉情境。

看微课

听觉情境

在听觉情境中,闭上眼睛,仔细聆听,常常会使人在不知不觉中进入一种美妙的境界,获得充分的美感享受。例如,在春天的晴日里,清晨,躺在床上,沐浴着从窗户透射进来的暖阳,聆听窗外清脆的鸟叫声,享受一份快意;在春天的细雨中,午后,坐在屋檐下听春雨沙沙的声音,享受一份宁静。

不论是春夏秋冬,还是晴雨风雪,每一个季节里,每一种气候下,都有美妙的听觉情境。夏天的晴日,坐在浓荫下,听蝉声和鸣;夏天的夜晚,坐在月光下听蛙声交响,或是躺在海边小屋里,聆听潮声的混响。秋日的黄昏,坐在树下,聆听叶落的声音;秋天的夜晚,沐浴在月光之下,听虫儿啾啾。冬日的清晨,打开窗户,聆听雪落的声音;冬天的午后,沐浴着暖暖的阳光,听屋檐下冰雪消融的滴水声。总之,自然界中的听觉情境是十分丰富的,只要具有善听的耳朵,就能从各种天籁中获得充分的美感体验和享受。

三、触觉情境

杜甫的《月夜》诗中有"香雾云鬟湿,清辉玉臂寒"两句诗,描写了秋天的夜晚,家中的妻子因挂念在外漂泊的丈夫而夜不能眠,坐在窗前望月思念,夜间的雾气已经浸湿了头发,清冷的月光下双臂感到寒凉。唐代李绅的《悯农》诗中有"锄禾日当午,汗滴禾下土"两句诗,描写了农夫在炎热的夏季冒着酷暑辛勤劳作的情景。不论是杜甫诗中"凉"的感觉,还是李绅诗中"热"的感觉,一般都是触觉感受到的,因此,这两首诗所描绘的情境实际上是一种触觉情境。

所谓触觉情境,是指必须依赖于触觉才能获得美感体验和享受的自然情境。在自然界中,很多情境之美是要依赖于触觉感受和体验的。例如,春天的早晨里田野中的清爽,夏日的正午时分浓荫下的凉意,冬日的屋前阳光下的温暖……这些美都是必须借助触觉来感受和体验的,其存在的情境就是触觉情境。

四、心理情境

人们常讲:"境由心造。"在很多情境下,人的美感体验与享受实际上是一种心理感受。例如,人们喜欢坐在高处,喜欢坐在河边、湖边,喜欢站在窗前,喜欢沐浴在风中等,这些实际都是一种心理倾向。

所谓心理情境,是指那些人们凭借以往经验主观上认为美的情境。在心理情境中,人们获得的美感体验与享受主要源自心理感受。例如,有的人喜欢不打伞走在细雨中,即使被淋得像落汤鸡一般心里还十分畅快;有的人冬天也喜欢在河边散步,即使被冻得哆嗦也感觉快意。

以上几种分类是相对的,实际上,自然界的各种情境常常不是单一的。例如,在秋日的黄昏,坐在树下听落叶触地的声音,常常伴有黄叶匝地的视觉美感,以及触觉上的清爽感和心理上的舒适感;夏夜中,坐在荷塘边听蛙声的交响,常常伴有视觉上的月夜美景,以及凉风送来的清爽等。总之,自然情境给人的美感享受一般不是单一的,能够使人获得的美感体验常常是丰富多样的。

第四节 意象美

电视连续剧《西游记》中有一首插曲《女儿情》,其中唱到"鸳鸯双栖蝶双飞,满园春色惹人醉……"唱词中的"鸳鸯""蝴蝶"在人们的心目中都是美好的事物,它们不仅有美丽的外表,而且有着很美的人文内涵。具体地讲,鸳鸯和蝴蝶在这里都是文化意象,是美好爱情的象征。

所谓意象,是指被赋予了特定的人文内涵的客观物象。说得简单一些,意象就是具有寓意或象征意义的事物形象。意象是自然美与思想美结合的产物,它们一般以自然美的形象出现,寄托人们的情感和精神,表达一定的思想。

因为崇尚自然是中国文化的基本理念,在这一思想的影响下,中国人向来对自然情有所钟,并且善于将自然物和人联系起来,以物寓人,由物的情态和精神等关照人格,因而,在中国文化中,以自然物形象为基础的意象十分丰富。

一、日月山水

看微课

日月山水

唐代女皇武则天原名武照,在其 67 岁(公元 690 年)称帝时,更名为武曌。这个"曌"是一个会意字,意为日月同辉,当空普照,既明亮,又温暖。作为自然事物,太阳的温暖是人们一致认同的,月亮的明亮也是人们熟知的。那么,作为意象。日月的寓意和象征意又有哪些呢?

作为一种意象,太阳首先象征着光明和温暖,象征着磊落和无私等。在此基础上,根据其在一日中的空间位置、情状等,人们又赋予了它不同的寓意和象征意。例如,朝阳(图 3-4-1)象征着希望,"如日中天"象征着辉煌,夕阳象

图 3-4-1　朝阳

征着成熟的人生和美好的晚年生活等。正是因为朝阳象征着希望,预示着光明的未来,因而人们对朝阳情有所钟。为了看日出,有人在泰山顶上露宿,有人在大海边守望,因为朝阳冉冉升起不仅是一种景象,而且是一种象征,其中寄寓着人们对未来的美好希望。

在中国古典诗文中,月亮是一种十分常见的意象。在张九龄的"海上生明月,天涯共此时"(《望月怀远》)和苏轼的"明月几时有,把酒问青天"(《水调歌头·中秋》)中,月亮是思念的象征。这是月亮最常见的一个象征意义,这一象征意义在古代诗文中的应用举不胜举。例如,李白的"床前明月光,疑是地上霜;举头望明月,低头思故乡"(《静夜思》),张若虚的"人生代代无穷已,江月年年望相似"(《春江花月夜》),李商隐的"兔寒蟾冷桂花白,此夜姮娥应断肠"(《月夕》),除了代表着思念外,月亮这一意象还象征着美好、吉祥和圆满等。

在中国文化中,山和水是两个十分常见的意象。山的象征意义十分丰富。首先,象征的是永恒和厚重,我们平时讲的"父爱如山"就是取其"厚重"之意;其次象征着依靠,"留得青山在,不怕没柴烧"取的就是此意;再次,象征着威严、崇高、博大等,"仰山知峻,临水怀清"就是取其"崇高"之意。此外,山还象征着追求、奋发向上、坚韧不拔等。正是因为山有着丰富的文化内涵,能够给人以思想的启示和精神的感召,因而,中国人有崇山、敬山的传统。

自从老子提出"上善若水",全方位地论述了水的美德之后,水作为文化意象的寓意和象征意义便不断丰富。首先,水是纯洁的象征,其次,水象征着礼让精神,象征着平和,象征着清静。再次,与水相关的雨、雪、冰等也各有其美的象征意义。

二、珍禽灵兽

看微课

珍禽灵兽

在中国古代雕塑和花鸟画作品中，有大量的珍禽灵兽形象。这些形象进入作品后虽然依然呈现出完好的自然形象，但已经被创作者赋予了特定的思想内涵，成了文化意象。在中国传统文化中，作为意象的珍禽灵兽数量很多，这里仅举几例。

1. 虎

在中国传统文化中，虎不仅是正直、正义的化身，权力和力量的象征，也是一种祥瑞之兽，能消灾、避邪和维护安宁。虎是一种极具阳刚之气的动物，它具备勇敢与威严，能够驱除一切邪恶。绘画虎(图 3-4-2)经常被挂在对着大门的墙上来阻挡邪恶，维护安宁。在民间传说中，儿童戴虎头帽、穿虎头鞋可以驱邪，人睡虎头枕可以使身体更加强壮。

2. 马

马是中国传统文化中一个十分常见的意象，不仅历代诗文中有大量关于马的文字，而且历代雕塑(图 3-4-3)

图 3-4-2　黄高才国画

和绘画作品中，也有许多以马为题材的佳作。例如，驰名中外的唐代石刻《昭陵六骏》，现代画家徐悲鸿先生以画马而名留史册。

在中国传统文化中，马是奋勇直前、自强不息的象征，是成功的象征，也是忠诚、勤奋和智慧的象征。中国文化中所强调的龙马精神主要是指自强不息的精神。

3. 鸡

在中国传统文化中，鸡是具有丰富文化内涵的一个意象。首先，鸡是吉祥、吉利的象征，是勤劳、勇敢的象征。其次，鸡具有镇邪避妖的作用。在中国画中，经常可以看到把鸡和

图 3-4-3　白陶舞马

图 3-4-4 黄高才《吉祥平安》

竹画在一起的花鸟画(图 3-4-4),其中,"鸡"取吉祥之意,"竹"取平安之意,绘画的主题为吉祥平安。

4. 鱼

从远古时代开始,中华先民们就对鱼这种动物情有所钟。在距今 6 000 年左右的仰韶文化遗址中,出土了大量的人面鱼纹彩陶盆;商周时期的玉雕作品中,玉鱼雕刻也很多(图 3-4-5)。

在中国传统文化的理念中,鱼不仅象征着财富、富裕和吉祥,预示着连年有余、大好机遇,而且象征着自由和亲善等。

5. 鹿

在中国传统文化中,鹿被视为一种吉祥物。人们认为,鹿不仅能给人们带来吉祥和幸福,而且能保佑人健康长寿。因此,中国历代绘画、雕塑等作品中,都常见鹿的形象。从汉字的角度来看,"鹿"与"禄"谐音,寓意吉祥、富足、长寿和官位升迁等。

6. 蝉

蝉是一种半翅目的昆虫。蝉的幼虫生活在土中,通常会在土中待上几年甚至十几年。即将羽化时,一般是在黄昏及夜间钻出土表,爬到树上,然后抓紧树皮,蜕皮羽化,整个羽化过程大约需要一个小时。

古人认为蝉性高洁,所以古诗文中经常以蝉的形象作为高洁君子的象征。《史记·屈原贾生列传》中说:"蝉蜕于浊秽,以浮游尘埃之外。"这段话是说,蝉在羽化之前生活在污泥浊水中,一旦羽化,即飞到高高的树上,只饮清露,自清自洁。唐代虞世南写过一首诗《蝉》:"垂緌(ruí)饮清露,流响出疏桐。居高声自远,非是藉(jiè)秋风。"这首诗中的蝉就是高洁君子的象征。

图 3-4-5 人面鱼纹彩陶盆和商代玉鱼

三、花草树木

看微课

花草树木

花草树木是自然事物中距离人们生活最近，人们从中获得审美体验最多的一类事物。在长期的自然审美活动中，当人们对一些花草和树木的本质属性有了深刻的认识，将其与人的品格联系起来后，就赋予了它们人的道德精神，使其成为文化意象。在中国传统文化中，以花草树木作为形象基础的文化意象特别多。仅举几例简介如下。

1. 梅花

梅花不畏严寒，雪中更具神采，是坚强的象征；它不与百花争春，躲过蜂飞蝶舞春夏秋三季，在寒冬静静地开放，既是高尚和贞洁的象征，也是与世无争、不事张扬的象征。与此同时，梅花又有"五福花"之称，五个花瓣分别代表着快乐、幸福、健康、和顺和平安。此外，梅花还象征着不屈不挠、顽强奋斗、不畏艰难等高贵品质。近代书画家吴昌硕画中的梅花（图3-4-6）虽用笔粗放，但很好地表现了梅花的风骨和精神。

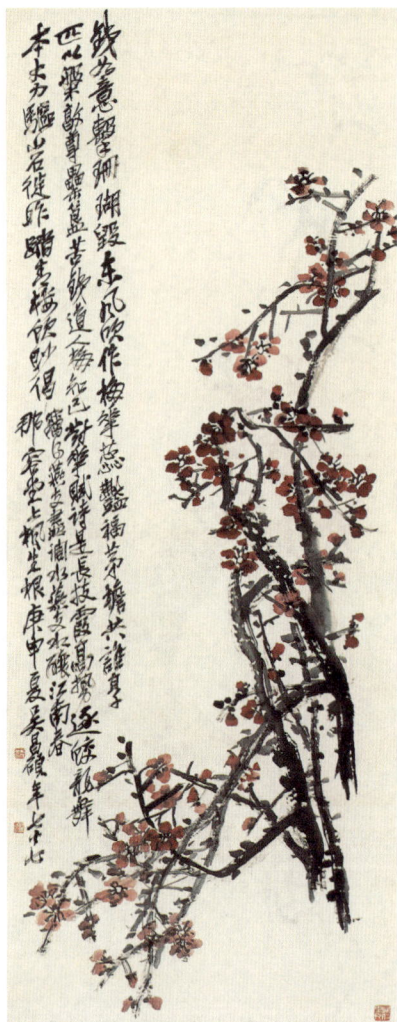

图 3-4-6　吴昌硕国画

2. 兰花

兰花（图3-4-7），也叫兰草，本来是一种草，但却以花开香远、花姿清雅而著称。兰花的叶和花都清新淡雅，不事张扬，其形态、颜色、气韵和精神都给人以清雅之美，所以有"气清、色清、神清、韵清"的四清君子美誉。兰花象征着淡泊名利、行为高雅的君子形象。孔子说："芷兰生于深林，不以无人而不芳；君子修道立德，不为穷困而改节。"（《孔子家语·在厄》）此外，

图 3-4-7　兰花

因品种的不同,还有美好、纯真和高洁等象征意义。例如,"兰章"比喻诗文之美,"兰交"比喻友谊的纯真。

3. 竹子

在中国文化中,竹子是一个文化内涵十分丰富的意象。首先,它是人的气节和精神的象征,竹子还象征着坚强不屈、奋发向上的精神等。郑板桥所画的竹子之所以备受人们的推崇,正是其借助于竹的形象突出地表现了人的气节和精神。其次,竹子象征着平安。齐白石画中的竹子象征平安,山鸡象征吉祥,画作要表现的主题是吉祥平安(图3-4-8)。

4. 菊花

菊花因为在秋季开放,气清神静,并且花期较长,经霜而不凋,给人的美好印象是高雅脱俗、清净无染。菊花总的象征意义是清净、高洁、长寿和吉祥。因颜色的不同,菊花的花语也各不相同。其中,常见的几种菊花象征意义分别是:黄菊(图3-4-9)象征着飞黄腾达,红菊(图3-4-10)象征着爱情,翠菊象征着忠诚,万寿菊象征着友情。而白菊有哀悼之意,金盏菊代表着悲伤,这两种菊花不能在国画中出现。

5. 葫芦

作为一种意象,葫芦是"福禄"的象征。在中国画中,画两个葫芦,寓意"福禄双至",画五个葫芦,寓意"五福临门"。如图3-4-11所示,两个葫芦寓意"福禄双至",九片叶子寓意长久,藤蔓劲健有力,寓意生命强健。本图的题画诗:"葫芦携福禄,双至兆吉祥。瓠佑人安康,蔓带福运长。"第一句

图3-4-8　齐白石国画

图3-4-9　黄菊

图3-4-10　红菊

图 3-4-11　福禄图

图 3-4-12　和顺图

诗中的"携"字本义与谐音并用，其中本义告诉人们，葫芦是一种吉祥物，它能为人带来福禄；第二句诗取意于中国传统文化中的"福禄双至"，其意为两个（一双）葫芦是吉祥的象征；第三句诗意为葫芦这种吉祥物能够保佑人平安健康；第四句诗中的"蔓带"二字一语双关，其字面义是强劲的藤蔓带给人长久的福运，谐音意为有这一对葫芦的保佑，祖孙万代福运长久。本图的主题印为"福禄双至"。

6. 荷花

荷花给人的印象是"出淤泥而不染，濯清涟而不妖"（周敦颐《爱莲说》）。作为文化意象，荷花首先是纯洁、美丽和神圣的象征；其次，荷花出淤泥而不染，其别称"莲花"中的"莲"字又谐音"廉"，因此，荷花又是廉洁的象征。《和顺图》（图 3-4-12）的主体构图为荷花，"荷"的谐音为"和"，莲的谐音为"廉"。本图的题画诗："子安心神宁，叶带祥瑞风。荷开诸事顺，莲佑百代兴。"第一句诗取义于莲子可以清火安神；第二句诗取义"和（荷）风送爽"，使人心旷神怡；第三句诗取义于"和"能致顺的中国文化思想；第四句的"莲"字谐音"廉"，为人清廉则福运长久。本图的主题印为"和顺美满"。

总之，各种文化意象虽然具有艺术美、思想美和精神美等各种人文内涵，但其形成的基础是人们常见的自然事物，因此，我们将意象美列入自然美中。

第四章 生活美

美

　　相对于自然美而言，生活美不仅体现了人们的创造智慧，而且融入了人的审美思想，给人的审美体验常常更为直接和强烈，更容易激发人的生活热情、鼓舞人的精神和坚定人的信念。

　　生活美首先表现在人们的日常生活中，其次表现在人们的人际交往等社会活动中。具体地讲，生活美以服饰美、器用美、饮食美和建筑居室美为主要内容，以人际人情美、运动美等为重要组成部分，使人们感受着生活的美好，给人以强有力的精神支撑和激励。

第一节　服饰美

在我国的上古传说中,黄帝的元妃嫘祖首创种桑养蚕之法,用蚕丝织出了美丽的衣裳。在当时,嫘祖用蚕丝制衣已经不再是出于御寒的需要,而是为了美化生活的需要。因为我国考古发现的大量实物证据证明:中国纺麻织布技术的源头在距今 8 000 年之前,比嫘祖养蚕制衣要早 3 000 多年。

西方的《圣经》中也有一段文字,说的是亚当和夏娃偷吃了智慧树上的果子之后,一下子可以分辨美丑了。当他们看见彼此都光着身子时,感到很害羞,于是,他们便用无花果的叶子给自己做了衣服。

一、服饰美的基本表现

衣服存在的价值不仅仅是遮风御寒。不论是嫘祖养蚕制衣,还是亚当、夏娃用无花果的叶子做衣裳,其目的都是"遮丑"和"显美"。这就是说,衣服的一个重要作用是化丑为美、化俗为雅。

就化丑为美来看,因为人体本身不是艺术,其中一些部位暴露在光天化日之下时被人们认为是丑陋的。这一点,东西方人们的观念是一致的。即使是思想相对开放的艺术家们,在创作艺术作品时一般也会考虑到"遮丑"的问题。维纳斯雕像(图 4-1-1)如果没了下半身衣服的遮挡,其美感就会大打折扣。这就是衣服化丑为美的作用。而在西方的个别写实性雕塑作品中,因为遮挡会影响形象的完整性和精神表现,所以某些地方也被写实性地表现出来(图 4-1-2),这是艺术创作中的一种完而不美的现象,要辩证地去看。

就化俗为雅而言,虽然肩膀、胸部、大腿等一些人体部位不能谓之"丑陋",但袒胸露乳、光着膀

图 4-1-1　维纳斯雕像

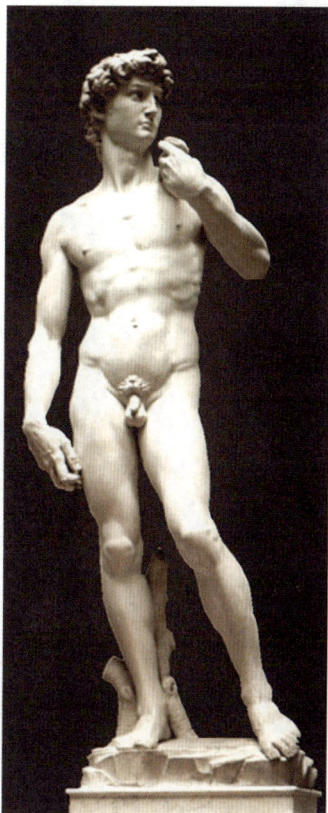

图 4-1-2　大卫雕像

图 4-1-3　唐代彩绘女立俑

子、露着大腿等向来被人们视为低俗甚至不检点的行为。所以，中国传统的服装设计十分重视化俗为雅的作用。即使在唐代那个相对开放的时代，女性的低胸装也以"不露乳"为设计的基本原则（图 4-1-3）。今天，包括中国在内的世界上很多国家，人们依然认为穿着暴露是伤风败俗的行为。因此，作为引领时代潮流的年轻一代，应讲究着装的文明性，不在公众场合穿吊带服、透视装和超短裙等。

相关链接

　　在国外，很多国家采用立法手段禁止身体一些部位的暴露行为。例如，乌克兰政府明令禁止女性公务员穿着迷你裙，严禁暴露大腿和胸部；韩国的"过度曝光法令"规定，女性在公共场合不得穿着过于短小的迷你裙，违者，要被处以50 000 韩元的罚款。

　　服饰美的另一个重要表现是各种与衣服搭配，或者独立使用的装饰品可以美化人，使人显得更漂亮或更帅气。例如，女孩子手腕上的玉镯、脖子上的项链、头上的头花，男孩子胸前的徽章等，都具有美化人的作用。

二、中国古代服装管窥

　　近年来出土的大量实物证据证明：我国织布制衣的历史已有 8 000 多年。其中，现在能够看到的真实的文字记载始于西周时期。在《诗经》中，有多处关于织布制衣的记载。例如，《诗经·卫风·氓》："氓之蚩蚩，抱布贸丝。"《诗经·卫风·硕人》："硕人其颀，衣锦褧衣。"

　　由于时间的淹没，今天已经很难看到古代服装真正的精彩，但大量的出土文物能够使我们对古代服装之美有一个大致的了解。出土于汉阳陵（汉景帝刘启之墓）陪葬坑的一件西汉时期的塑衣式跪坐女俑（图 4-1-4），所塑女子的着装简洁大方。出土于长沙马王堆汉墓的一件西汉时期的朱红菱纹罗丝锦袍（图 4-1-5），衣物的款式与西汉塑衣式跪坐女俑所着衣服的款式大体相同。

图 4-1-4　西汉塑衣式跪坐女俑

图 4-1-5 西汉朱红菱纹罗丝锦袍

　　唐代审美思想的多元化在服装上面的具体表现是款式多样、风格各异。出土于唐昭陵郑仁泰墓的一件扇形髻红裙女立俑（图 4-1-6），着装简约大方，但不失华美。唐代郑仁泰墓出土的披大衣男立俑（图 4-1-7），所着大衣款式至今还在沿用。

　　绘画也是研究古代服装的一类重要资料。从历代的绘画作品中，不仅可以看到各个时代流行的服装款式，而且可以真切地看到人们着装的颜色搭配等。从唐代阎立本的《步辇图》（图 4-1-8）中可以看到，侍女们统一着齐胸拖地长裙，上身配长袖衫，既简洁大方，又清雅秀美。出土于唐昭陵的一件壁画（图 4-1-9），画中女子的着装与《步辇图》中侍女的着装款式极其相似。

　　宋代的彩塑艺术相对繁荣，产生了一批优秀的作品。从这些作品上面，可以看到宋代的服装之美。宋代的晋祠彩塑仕女像（图 4-1-10）着装宽松舒展，带饰华美。

　　宋代及其以后，由于绘画艺术

图 4-1-6　唐代扇形髻红裙女立俑

图 4-1-7　郑仁泰墓披大衣男立俑

完全成熟并相对繁荣，可资借鉴的绘画类服装资料也更加丰富，可以从中窥见宋、元、明、清各个时代服装美的基本情况。明代唐寅的一幅人物画中（图4-1-11），女子着装既庄重大方，又雍容华美，带饰长垂，再添几分典雅。清代陈宇《仕女图》（图4-1-12）中的侍女不论是着对襟风衣，还是穿拖地长裙，都显得端庄秀美。这其中，服装的美化作用是不可小视的。

图4-1-8　唐代阎立本《步辇图》

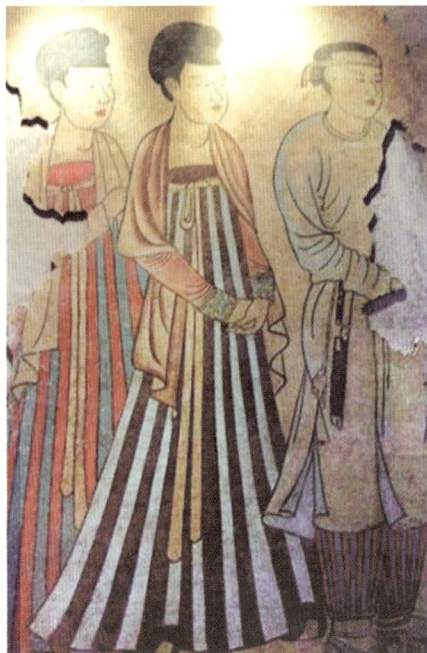

图4-1-9　唐代昭陵壁画

图4-1-10　宋代晋祠彩塑仕女像

图4-1-11　明代唐寅人物画

图 4-1-12　清代陈宇《仕女图》

三、中国古代饰品概览

中华先民的审美意识觉醒于距今 8 000 年以前。伴随着人们审美意识的觉醒，各种装饰品也相继产生。近几十年来，我国考古发现和出土的各种装饰品数量很大，品类十分丰富。举例来看。

出土于内蒙古兴隆洼文化遗址的新石器时代的玉玦(图 4-1-13)，制作年代大约距今 8 200 年。玦是我国最古老的玉制装饰品，为环形形状，有一缺口，主要被用作耳饰和佩饰。这种装饰品在我国很多新石器时代的文化遗址中都有出土。1958 年出土于江苏南京北阴阳营遗址的两块玉玦(图 4-1-14)，其制作年代距今大约 6 000 年。

图 4-1-15 所示的物品是商代的金珥形饰。珥是中国古代珠玉类耳饰的总称。这两件饰品在制作时金玉结合，是中国古代装饰品由竹骨、牙贝和玉石器时代正式步入玉石和金银器时代的重要标志。此后，中国古代的金银饰品逐渐多了起来。

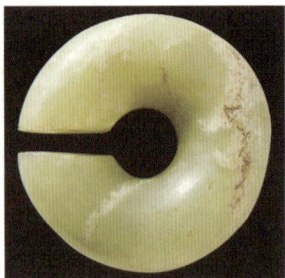

图 4-1-13　新石器时代玉玦　　图 4-1-14　新石器时代玉玦

图 4-1-15　商代金珥形饰

　　西周时期社会祥和，人们的生活热情高涨，加之琢玉手工艺技术的成熟，各种玉石串饰大量产生。从此以后，中国古代的装饰品业一直处于繁荣发展的状态。图 4-1-16 所示物品是春秋时代的一件玛瑙玉串饰。此串饰由玛瑙和玉搭配而成，雕琢工艺比较精细。

　　图 4-1-17 所示物品是明代的凤凰金饰。此件饰品充分利用了金的延展性，整体采用凤凰造型，局部做成各种花叶形状，戴在头上既使人显贵，又十分华美。清代的金镶珠翠耳坠（图 4-1-18），翠玉镶金，与珍珠组合，既艳丽，又华美。

图 4-1-16　春秋时代玛瑙玉串饰　　图 4-1-17　明代凤凰金饰　　图 4-1-18　清代金镶珠翠耳坠

四、美丽的民族服饰

我国是一个多民族的国家,每一个民族都有其独特的文化风景。其中,服装文化常常是一个民族的文化亮点。每一种民族服饰特点的形成一方面取决于这个民族的生存环境和生活习惯,另一方面取决于该民族的文化观念和审美意识等。总的来看,民族服饰的特点主要表现在服装的款式、色彩、材质和饰件搭配等几个方面。下面举例来说明。

1. 壮族服饰

壮族服饰(图 4-1-19,图 4-1-20)以蓝黑色衣裙、衣裤式短装为主,喜欢在鞋、帽、胸兜上用五色丝线绣上花纹,图案精美、色彩艳丽。此外,风格别致的"蜡染"也为人们所称道。

图 4-1-19　壮族服饰(男)

图 4-1-20　壮族服饰(女)

壮族男性的服饰多为破胸对襟的唐装,以当地土布制作,缝一排布结纽扣。下衣裤型宽大,有的短及膝下,有时还缠绑腿。冬天穿鞋戴帽(或包黑色头巾),夏天免冠跣足。男性服饰的素色搭配给人以简朴、干练的印象。

壮族女性的服饰多用花边装饰,一般是一身蓝黑,头上包着彩色印花或提花头巾,着藏青或深蓝色右衽偏襟上衣(有的在颈口、袖口、襟底处绣有彩色花边)。上衣分为对襟和偏襟两种,有无领和有领之别。下身穿长至脚踝的长裙,或镶有花边的宽裤。此外,女性还常用银饰装扮自己,给人以端庄、得体、大方之感。

图 4-1-21　傣族服饰

图 4-1-22　傣族服饰

2. 傣族服饰

傣族服饰（图 4-1-21、图 4-1-22）清新秀雅，既讲究实用，又追求装饰和美化效果，突出地体现了傣族人热爱生活，崇尚清雅之美的民族个性。

傣族男子的装饰一般为上身着无领对襟或大襟小袖短衫，下身着长管裤，配以颜色浅淡、纯净的布包头。傣族女子的服饰，一般为上身着各色紧身内衣，外罩紧身无领短衫，下穿彩色筒裙，长及脚面，并用精美的腰带束裙。傣族女子大多喜欢长发挽髻，在发髻上斜插梳、簪或鲜花作为装饰。

3. 蒙古族服饰

蒙古族人长期生活在塞北草原，蒙古族人不论男女都爱穿长袍（图 4-1-23）。因此，蒙古族服饰以蒙古袍为主要亮点，加以各种佩饰以及长短坎肩。长袍的特点是身部肥大、袖长，下摆不开衩，一般用红、绿等绸缎做腰带。蒙古袍大多采用织锦缎、丝绸、布帛为面料。蒙古靴以家畜皮、布帛为面料。

图 4-1-23　蒙古族服饰

4. 苗族服饰

苗族服饰(图 4-1-24、图 4-1-25)保持着中国民间的织、绣、挑、染等传统
工艺技法,花团锦簇,美丽多彩。

图 4-1-24　苗族服饰

图 4-1-25　苗族服饰

苗族的男上装主要有左衽上衣、对襟上衣和左衽长衫三类,以对襟上衣最
为普遍;下装一般为裤脚宽盈尺的大脚长裤。苗族的女上装主要有右衽上衣和
圆领胸前交叉上装两类,下装主要是各式百褶裙和长裤。苗族女装的装饰一般
比较丰富,所以相对于其他民族服装更富于视觉魅力。

第二节　器皿美

在日常生活中,人们天天都要与各种器皿打交道,器皿之美不仅使人赏心
悦目,而且能使人感到生活的惬意,从而唤起人的生活热情。器皿之美一般表
现在造型美、装饰美和质地美几个方面。

一、陶器

中国人盘泥烧器的历史十分悠久。早在距今 1 万年以前,今江西万年境
内的仙人洞人就用陶土烧出了陶器(图 4-2-1),用来改善生活条件,美化生活。
到了距今 8 000 年的时候,中华大地从南到北,制陶技术迅速发展,各种陶制器
皿大量产生。与此同时,玉石器皿也开始出现。近年来,我国考古工作者在甘

看微课

陶器

图 4-2-1　万年陶罐　　　　图 4-2-2　游鱼纹彩陶瓶　　　图 4-2-3　马家窑内彩变体
　　　　　　　　　　　　　　　　　　　　　　　　　　　　人面纹彩陶盆

肃的大地湾文化遗址、河南的贾湖文化遗址、内蒙古的兴隆洼文化遗址、山东的后李文化遗址和浙江的跨湖桥文化遗址等多个新石器时代遗址中都发现并出土了 8 000 年前的陶器。到了距今大约 7 000 年的时候，各种彩陶大量出现，陶器之美开始逐渐地展现出来。

　　仰韶文化前期的一件游鱼纹彩陶瓶(图 4-2-2)，其制作年代距今 7 000-6 000 年。此件器皿在制作时以游鱼纹装饰，不仅增加了器物的视觉美感，而且有一定的思想寓意，寄托了人们美好的生活愿望。马家窑文化的一件内彩变体人面纹彩陶盆(图 4-2-3)，其制作年代距今 5 000-4 700 年，这件器物的纹饰更加华美。

　　比图案装饰更具观赏性的是人们将很多器皿做成了动物或果实的造型。如图 4-2-4 所示物品是仰韶文化前期的一件葫芦瓶，其制作年代距今 7 000-6 000 年，这件器物做成葫芦果实的形状，在不影响实用性的情况下，使器物具有了观赏性。大汶口文化的猪形陶鬶(图 4-2-5)，其制作年代距今 6 200-4 500 年。这件器皿做成猪的形状，不仅使器物有了观赏性，而且寄寓了人们美好的

图 4-2-4　仰韶文　　　图 4-2-5　猪形陶鬶　　　图 4-2-6　薄胎黑陶高柄杯
化前期葫芦瓶

生活愿望。

随着制陶技术的不断进步,陶器的质地趋于细腻,制作也更精良。在这种情况下,即使不加彩饰,不对其造型进行艺术化的处理,器物也能给人以美感。龙山文化时期的两件薄胎黑陶高柄杯(图4-2-6),其制作年代距今4 500—4 000年。这两件器皿胎质十分细腻,器壁薄如蛋壳,仔细观赏,它们能够给人一定的视觉与心理美感。

二、青铜器

夏商时代,青铜器皿出现后,很快吸收了陶器制作造型的经验,很多器皿做成了动物的造型。因为青铜材质熔化后的可塑性更强,加之其表面的光洁性比较好,所以,青铜器皿做成各种动物造型后,不仅整体上更美观,而且细节表现更完美。商代的青铜器牛尊器皿(图4-2-7),做成牛的造型不仅实用性和观赏性并举,而且寄寓着人们渴望风调雨顺、六畜兴旺的美好愿望——因为早在尧舜时期,中国农业就进入了牛耕时代(舜就是在历山下呕牛耕田时被尧发现和启用的),牛是人们幸福生活的希望。商代的妇好鸮尊(图4-2-8),以鸮为主体造型,纹饰丰富多样、主次分明、层次清楚,具有很强的观赏性。

西周及春秋战国时期是青铜器制造的全盛时代,这段时间内产生的青铜器不仅数量巨大,而且精品众多。尤其是很多青铜生活器皿高度艺术化,在满足人们基本生活需要的同时,给人以美的享受。西周时期的鸟尊(图4-2-9),主体为禽鸟造型,禽体丰满,两翼上卷;鸟背依形设盖,盖钮做成小鸟造型;双腿粗壮,爪尖略蜷,凤尾下设一象首,与双腿形成稳定的三点支撑。鸟尊造型写实生动、构思巧妙、纹饰华美,是一件罕见的艺术珍品。西周时期的猪尊(图4-2-10),主体造型为一头小猪,小猪双耳斜耸,小尾上卷,一副机警的神态。因为中

看微课

青铜器

图4-2-7　商代牛尊　　　图4-2-8　商代妇好鸮尊　　　图4-2-9　西周鸟尊

图 4-2-10　西周猪尊

国家猪的养殖始于距今大约 7 000 年的河姆渡时代和仰韶文化早期，猪在人们的心目中是财富和美好生活的象征。所以，此器做成小猪的造型实际上寄托着人们渴望美好生活的愿望。

春秋时期的子仲姜盘（图 4-2-11）是一件用于盥洗的青铜器。此盘形体较大，整器风格朴实，制作精美。盘壁的两侧有一对宽厚的副耳，前后各攀一条曲角形的龙，龙首耸出盘沿，成探视状；盘底铸有鱼、水鸟和青蛙等水栖动物，盘底边沿一周为七条鱼在追逐，盘底中心是一只头冠直竖的雄性水鸟，四条鱼绕鸟戏游，游鱼的外圈是四只雌性水鸟。此器最精彩的地方在于，盘底所有的动物都可以在原地做 360 度的转动。

战国时期的错金银鸟兽形盉（图 4-2-12），采用浪漫主义的创作手法制作，造型独特、生动，纹饰华美，既有直观的视觉美感，又能将人带进想象与联想之中。

图 4-2-11　子仲姜盘

图 4-2-12　战国错金银鸟兽形盉

汉代是中国文化大发展的一个时代。这一时期不仅艺术思想完全成熟，浪漫主义与现实主义两大创作手法得到普遍应用；而且艺术开始走进生活，大量的生活器皿以艺术品的形式面世。

西汉时期的五凤熏炉（图 4-2-13）主体为凤凰形象。大凤双爪抓地，昂首引颈，口中衔珠，振翅挺胸；胸前与双翅上均有阴刻羽状纹饰，尾翅镂空；胸前、双翅和尾部共饰四只雏凤。该器物构思新颖，造型奇特，集实用性和观赏性于一体。西汉时期的朱雀灯（图 4-2-14）主体为朱雀形象。朱雀昂首翘尾，脚踏蟠龙，口衔灯盘，做展翅欲飞状，形象十分生动。

图 4-2-13　五凤熏炉

图 4-2-14　朱雀灯

三、玉石器

中国琢玉的历史悠久，玉石器物质文化遗产相当丰富。其中，汉唐以后，各种玉石生活器皿大量出现，将人们的生活装点得更加美好。唐代镶金兽首玛瑙杯（图 4-2-15）由红、棕、白三色相杂的玛瑙雕成，颜色层次分明。器物一端雕成杯口，另一端雕成兽首。兽首圆睁着双眼目视前方，两个长角粗壮有力。兽嘴部有流口，流口外部有金盖，金盖后面有金插管堵住流口，使杯中液体不会流出。此杯设计别具匠心，制作工艺精细。

唐代的白玉忍冬纹八曲长杯（图 4-2-16）用和田白玉雕凿而成，玉质洁白温润。杯为八曲椭圆形，口沿随其八曲成莲花形，杯身亦呈八曲，且有雕饰成组的蔓草纹饰，制作精细，素洁清雅。

明代的青玉莲花纹杯（图 4-2-17）用青玉雕成椭圆形杯体，外壁雕饰莲花纹，杯柄从主体部分伸出，直托杯底，既美观，又实用。清代的青玉桃形洗（图 4-2-18）主体部分雕成桃子形状，周边雕饰以"枝叶"，给人以丰富的视觉美感。

看微课

玉石器

图 4-2-15　唐代镶金兽首玛瑙杯

图 4-2-16　唐代白玉忍冬纹八曲长杯

图 4-2-17 明代青玉莲花纹杯

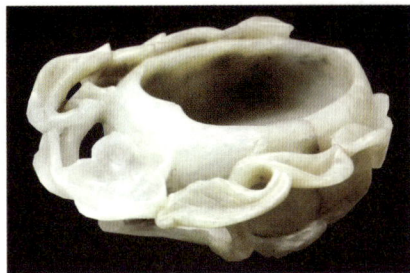

图 4-2-18 清代青玉桃形洗

四、瓷器

看微课

瓷器

日常生活中接触最多的一类器皿是瓷器。瓷器分为两大类:一类是素瓷,一类是彩瓷。总的来看,瓷器之美主要表现在三个方面:一是釉色美,二是造型美,三是塑饰与图案美。

素瓷是指没有上釉的自然瓷质的瓷器,以及虽然上釉,但釉上釉下都不加任何色彩,也不绘制有色图案花纹的瓷器。瓷器从商代产生以后,一直到明代,在长达几千年的时间里,素瓷一直是瓷器的主流。即使到今天,在彩瓷十分繁荣的情况下,素瓷也备受人们的喜爱。素瓷之美,主要表现在两个方面:一是釉色之美,二是造型和塑饰之美。

唐代的白瓷海棠杯(图 4-2-19)和宋代的青白釉莲花形温酒壶(图 4-2-20),这两件瓷器釉色洁白,干净清爽,观之令人赏心悦目。

明代德化窑的白釉爵杯(图 4-2-21),釉色洁白温润,干净明亮,给人以十分清爽的视觉美感。清代的黄釉碗托(图 4-2-22),釉色纯净温润,给人以恬静平和的印象。

图 4-2-19 唐代白瓷海棠杯

图 4-2-20 宋代青白釉莲花形温酒壶

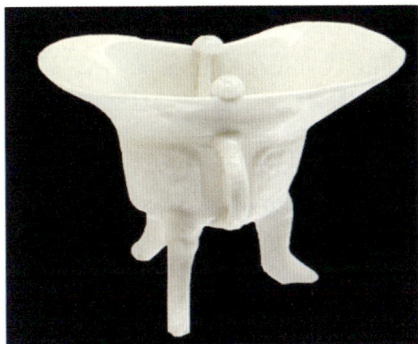

图 4-2-21　明代德化窑白釉爵杯

图 4-2-22　清代黄釉碗托

在釉上剔刻花纹图案的素瓷，一般以釉色为背景，以胎质原有的自然色为图案颜色，显得自然质朴，清素淡雅。南宋剔花折枝梅纹梅瓶（图 4-2-23），就是将器物上的黑釉剔掉，借助于原胎色表现图案。

从造型的角度看，素瓷的造型美主要表现在两个方面：一是整个生活器物的艺术化，即将整个器物做成了一定的艺术造型；二是对生活器物的局部进行塑饰美化。清代的梅鹤鹿纹葫芦瓶（图 4-2-24），整体做成了葫芦造型，局部又用塑饰进行美化。

图 4-2-23　南宋剔花折枝梅纹梅瓶

图 4-2-24　清代梅鹤鹿纹葫芦瓶

彩瓷是与素瓷相对而言，具体指加有彩绘的瓷器。其主要品种有青花，釉里红，釉下五彩、斗彩、五彩、粉彩等。不同种类的彩瓷，视觉美感互有差异。

1. 青花

青花瓷是白底蓝花瓷器的专称。典型的青花瓷器是用钴料在素坯上描绘纹饰,然后施透明釉,在高温中一次烧成。蓝花在釉下,因此属釉下彩。青花瓷的特点是明快、清新、雅致、大方,装饰性强,永不掉色,如清代青花花草纹碗(图 4-2-25)。

2. 釉里红

釉里红,又名"釉下红"。它是以氧化铜做着色剂,在胎上绘画纹饰后,罩施透明釉,然后在高温下烧制。因红色花纹在釉下,故称釉里红瓷。釉里红彩可单独装饰,也可与青花料结合使用——结合使用的叫青花釉里红。釉里红彩的特点是稳重、敦厚、艳丽、朴实,烧成后的颜色沉着、热情,因而深受人们喜爱,如清代青花釉里红折枝瓜果纹瓶(图 4-2-26)。

3. 斗彩

斗彩是一种以釉下青花、釉里红和釉上多种色彩结合而成的品种。斗彩创烧于明成化时期,是釉下彩(青花)与釉上彩相结合的一种新品种。斗彩的特点是对比鲜明,既素雅,又富丽。这种彩饰具有丰富的表现力和较强的审美性,如清代斗彩云龙碗(图 4-2-27)。

图 4-2-25　清代青花花草纹碗　　　图 4-2-26　清代青花釉里红折枝瓜果纹瓶　　　图 4-2-27　清代斗彩云龙碗

4. 粉彩

粉彩也叫"软彩",是釉上彩的一个品种。所谓釉上彩,就是在烧好的素器釉面上进行彩绘,再入烤花炉经 600℃ ~ 800℃ 的温度烘烤而成。因为粉彩是以白底为基础,在白底上着玻璃白,然后再彩绘让其自然粉化。因而,粉彩具有清新、淡雅、秀丽的特点,如清代粉彩过枝桃蝠纹盘(图 4-2-28)。凡绘画中所能表现的一切,无论工笔或写意,用粉彩几乎都能表现。

5. 五彩

五彩是瓷器釉上彩的一种。五彩是指在瓷器釉面上分布多种颜色。而"五

图 4-2-28　清代粉彩过枝桃蝠纹盘　　　　图 4-2-29　清代五彩草虫纹盘

彩瓷"并不一定指瓷器釉面上只有五种颜色,多于或少于五种彩的陶瓷,在习惯上也同样称之为五彩瓷。五彩瓷所描绘的对象甚多,常见的有人物、山水、龙凤、鸳鸯、松柏、灵芝、花草等。五彩瓷的特点是色彩丰富,鲜艳明丽,如清代五彩草虫纹盘(图 4-2-29)。

除了以上几类器皿外,日常生活中我们经常见到的器皿还有金银器、竹木器和玻璃器等。由于材质和制作工艺不同,各种器物给人的美感互有差异,这恰好使人们能够感受到美的丰富多彩。

第三节　饮食美

饮食既是人们日常生活的基本内容,也是人们体验生活、品味生活和感悟人生的基本途径。当人们的基本生存需要得到满足,将饮食作为一种休闲生活方式或者交流、交际的途径时,人们不仅能够感受到生活的轻松、舒适和惬意,而且可以获得真实的情感体验,对生活的热爱之情油然而生,从而以饱满的热情和积极的心态去生活。

一、茶道

茶道,简单地说,就是饮茶的学问。其中,包括识茶、沏茶、赏茶、饮茶和品茶的知识,以及通过喝茶进行交际和思考的学问。独处静坐,沏一壶茶,慢饮细品,心静神清,品的是一份心境;亲友相聚,品茶谈天,交流感情,在轻松愉快的气氛中体验人情之美。

1. 沏茶

沏茶方法是茶道最基本的内容。不同类型的茶叶,沏泡时冲水的温度、浸泡时间等互有差异(图4-3-1、图4-3-2)。把握好水温,掌握好浸泡时间,不仅能够使茶香充分地释放出来,而且可以使茶的色与味更好。反之,沏茶方法不当,不仅会使茶之色黯然,茶之香寡淡,而且使茶之味失真。

图4-3-1 青茶

图4-3-2 花茶

2. 赏茶

赏茶是品茶的前奏。赏茶主要包括两个方面的内容:一是观其色,二是嗅其香。沏好的茶分盛在杯子里,清澈透亮,令人赏心悦目(图4-3-3、图4-3-4);那份清香,又沁人心脾。在这样的情境之下,人们自会感到生活的美好。

图4-3-3 青茶

图4-3-4 花茶

3. 品茶

品茶是茶道的核心内容。通过品茶,一方面,感受生活的舒适惬意,感悟人生哲理,培养生活热情;另一方面,涵养性情,悟道修心,最终达到心性平和、大气包容和清心寡欲的人生境界。品茶,品的是生活,品的是人生。各种茶品都有不同的养生效果(图4-3-5、图4-3-6)。因此,品茶还能品出健康。

4. 茶礼

茶礼是茶道的一种境界。因为喝茶是中国人的一种待客方式,为客人倒

图4-3-5 花茶

图4-3-6 普洱茶

茶、敬茶和添茶时有礼有节,不仅可以融洽彼此间的关系,拉近感情距离,而且还可以营造出轻松愉快的交流气氛,使沟通更加顺畅。这样一来,不论是交流感情,还是洽谈合作,都能取得良好的效果。

喝茶是一种休闲生活方式,追求的是轻松、愉快的生活感受。因此,真正的茶道没有繁文缛节,而是在舒适的环境里和轻松的气氛中,酌清饮静、享受生活、品味人生。

二、酒德

中国酿酒的历史十分悠久,酒文化的内涵十分丰富。在中国古代的文学作品中,关于酒的文字俯拾皆是。例如,曹操的"何以解忧,唯有杜康"(《短歌行》)写的是借酒消愁,柳永的"都门帐饮无绪"(《雨霖铃》)折射的是杯中愁绪,陆游的"红酥手,黄藤酒"(《钗头凤》)诉的是离痛,王维的"劝君更尽一杯酒,西出阳关无故人"(《渭城曲》)道的是友情……品酒,品的不仅是生活,而且品的是乐趣,品的是人生。

唐宋以前诗文中所写的酒,不是今天的白酒,而是有益于健康的黄酒、葡萄酒、桂花酒、稠酒和菊花酒等。这些酒适量饮用不仅对人有益,而且饮用时能增加人的生活情趣,所以被称之为美酒。概括起来讲,酒之美具体表现在以下几个方面。

1. 养生

自古以来,人们将酒作为一种佐餐的饮品,主要是因为发酵酒对人的健康是有益的。其中,黄酒、葡萄酒、桂花酒和菊花酒的养生功效早已被人们所认识。

黄酒是中国最古老的发酵酒之一。其中含有丰富的氨基酸、多种糖类和维生素等,自古至今一直被视为养生健身的"仙酒"和"琼浆"。

葡萄酒中含有较多的糖分、矿物质、多种氨基酸、柠檬酸、维生素等营养成分。《新修本草》将葡萄酒列为补酒，认为它有"暖腰肾、驻颜色、耐寒"等功效。

早在春秋战国时期，桂花酒就已经产生并为人们所饮用。古人认为桂为百药之长，所以用桂花酿制的酒对人有大益。毛泽东的词《蝶恋花·答李淑一》中有"问讯吴刚何所有，吴刚捧出桂花酒"句。

经过人们长期生活的检验，除了以上几种酒外，菊花酒、枸杞酒、莲花酒、人参酒、茯苓酒等，也是养生益寿的好酒。

再好的酒，饮用过量也是有害的。因此，饮酒不能纵情，必须适量。

相关链接

现代科学研究发现：酒液中，酒精含量越高，有害成分越多。通过对蒸馏酒和发酵酒的比较研究发现，酒的有害成分主要存在于蒸馏酒中，发酵酒中相对较少。高度的蒸馏酒中除含有较高的乙醇外，还含有杂醇油、醛类、甲醇、氢氧酸、铅、黄曲霉毒素等多种有害成分。如果长期或过量饮用蒸馏酒，对身体会造成严重的伤害。现在市面上的各种白酒一般都是蒸馏酒。

采用传统工艺发酵的低度酒，如黄酒、葡萄酒、枸杞酒等，其中有害成分极少，且富含糖、氨基酸、维生素等多种营养成分，是真正意义上的"美酒"。

2. 安神

在古代诗文中，有很多借酒消愁的诗句。例如，范仲淹的"纷纷坠叶飘香砌，夜寂静，寒声碎。真珠帘卷玉楼空，天淡银河垂地。年年今夜，月华如练，长是人千里。愁肠已断无由醉，酒未到，先成泪。残灯明灭枕头敧，谙尽孤眠滋味。都来此事，眉间心上，无计相回避"（《御街行·秋日怀旧》）。这首词是写相思之愁的。再如，李白的"抽刀断水水更流，举杯消愁愁更愁"（《宣州谢朓楼饯别校书叔云》），白居易的"把酒思闲事，春愁谁最深"（《把酒思闲事》）……

古人的借酒消愁首先是把饮酒当做一种静心安神的方式——独处、静坐、把盏、沉思，最终达到排遣愁绪的目的。其次，古人饮的黄酒和葡萄酒虽然是低度酒，但却有一定的安神作用。例如，葡萄中所含的褪黑素是一种能辅助睡眠的物质，可以调节睡眠，有一定的安神功效。古人也许正是利用了酒能安神的功效，喝上几杯，美美地睡一觉，醒来后诸愁皆去。

3. 传情达礼

酒在很多场合被人们作为一种传情达意的媒介。为好友践行，与亲人话别,和老友重逢……推杯换盏中,不仅是情感的传递,也有礼数的表达。

陆游与唐婉在沈园相遇,在"红酥手,黄藤酒"(《钗头凤》)的情境之下,心中泛起的是无限悔恨;柳永与相爱的人道别,举杯时心中涌起的是"今宵酒醒何处? 杨柳岸,晓风残月"(《雨霖铃》)的凄凉。在诗文所描绘的情境里,有酒必有情,情比酒更美、更浓。

4. 酒德

虽然自古关于酒的美谈很多,但过量饮酒伤身败德的危害性也早已为人们所认识,所以古人早就提出了饮酒的道德规范,即"合度者有德,失态者无德"。

水是生命之源,但溺水多会使人丧命。与此道理相同,虽然发酵酒对人是有益的,但过量饮用也是有害的。蒸馏酒对人的益处很少,危害性很大,尽量不喝。成年人饮酒应该具备酒德,不强求他人饮酒,自己不过量饮酒,因为珍爱生命不仅是人的美德,更是一种责任。

三、美食

一日三餐是人们最基本的生活状态。品尝美味是日常审美的基本内容。美食不论荤素,可口即美,它不仅能使人得到味觉快感,获得精神享受,而且能够使人感受到生活的美好,焕发出人的生活热情,激励人的精神。美食之美具体表现在色、香、味三个方面。

1. 色

美食讲究色、香、味俱全。其中,诱人的颜色不仅能够增进食欲,也能给人以视觉和心理上的美感享受。美食的颜色一方面是通过科学的烹饪方法,使食材本身的颜色很好地表现出来(图 4-3-7);另一方面是通过不同颜色食材的搭配,使美食呈现出诱人的色彩(图 4-3-8)。

图 4-3-7　凉拌豆芽　　　　　　　图 4-3-8　凉拌黄瓜

2. 香

香是美食给人的嗅觉上的美感。美食之香一方面是通过科学的烹饪使食材本身含有的香味释放出来(图 4-3-9);另一方面是通过调味增加美食的香气,如在出锅的西红柿鸡蛋汤中淋几滴香油(图 4-3-10)。

图 4-3-9　烤鸡腿

图 4-3-10　西红柿鸡蛋汤

3. 味

味是美食的根本。尽管色香可以增进人的食欲,但一份菜品给人的享受主要还是由味道决定的。美食之味一方面来自于食材本身,另一方面来自于烹调。其中,食材本身的味道是基础,烹调可以进一步凸显和优化这种味道。例如,清炒土豆丝(图 4-3-11),在烹饪时只用了一点油和盐,目的是为了凸显出土豆原有的清香之味;红烧肉(图 4-3-12),在烹饪时加了较多的调味品,一方面是为了去除腥味,另一方面是为了增加鲜味。

图 4-3-11　清炒土豆丝

图 4-3-12　红烧肉

美食之美不在肥甘,家常便饭,可口即美;味不必浓厚,清爽适口为佳。从健康的角度看,食当以素为主,以荤为辅。这样,可以在享受美食的同时,享受健康的人生。

第四节 人情美

人是社会的主体和生活的主宰。人在社会上生活,随时随地都要与人打交道,广泛的人脉,融洽的人际关系,不仅可以使人有一个宽松、舒适的生活环境,而且能使人的事业左右逢源。因为人际关系的实质是一种感情关系,在融洽的人际关系中,人们感受到的是人情美。从大的层面上看,人情美具体表现在以下三个方面。

一、亲情美

小学时,我们唱《妈妈的吻》,摇晃着小脑袋,那时可能还没深刻理解什么是亲情;初中时,我们听阎维文唱《母亲》,大脑中浮现出一幕幕的情景,对妈妈的爱和感激之情油然而生;高中时,老师讲朱自清的《背影》,教室里有了啜泣声……长大了,我们不仅懂得了什么是亲情,而且深切地体会到在亲情之下,一切奉献都无怨无悔。

因为有亲情,林觉民的《与妻书》字字含泪;因为有亲情,艾青的《大堰河——我的保姆》读来令人动容;因为有亲情,朱自清一生也没忘记父亲的背影……因为亲情,每年春节很多人千里步行也要回家。

因为《想起老妈妈》,我们《常回家看看》;因为那是一片《父亲的草原》,所以我们才觉得《草原夜色美》……每当我们唱起那些表现亲情的歌曲,诵读那些描写亲情的诗文,都会感到亲情的温暖、生活的美好。

二、友情美

李白在《黄鹤楼送孟浩然之广陵》一诗中写道:"故人西辞黄鹤楼,烟花三月下扬州。孤帆远影碧空尽,唯见长江天际流。"好友乘坐的客船已经消失在天际,依然踮足翘望,不肯离去,这是怎样的一种情谊?

王勃的"海内存知己,天涯若比邻"(《送杜少府之任蜀州》),高适的"莫愁前路无知己,天下谁人不识君"(《别董大》),王维的"劝君更尽一杯酒,西出阳关无故人"(《渭城曲》)……这些诗句之所以能成为千古名句,无一不是因为其所表现的友情美。

友情,不仅能使我们有一个宽松、友爱的生活环境,而且能使我们的事业顺利发展。择友而交,彼此尊重,相互支持,我们的生活会更加美好。

三、爱情美

宋代词人秦观写有一首《鹊桥仙·纤云弄巧》词，词中写道："柔情似水，佳期如梦，忍顾鹊桥归路。两情若是久长时，又岂在朝朝暮暮。"此作使人倍感爱情的美好。

自古以来，人们一直把爱情视为人生的大美。从《诗经》、楚辞、汉乐府民歌，到唐诗、宋词、元曲，其中不乏爱的乐章。在中国的民间传说中，也有很多凄美的爱情故事。例如，七仙女为了爱情下嫁凡间，梁山伯与祝英台为爱情双双化蝶，孟姜女因为对丈夫的真爱而哭倒了长城……

爱情之美不仅仅是男女间的相互倾慕，更重要的是彼此关爱和相互尊重。

关　睢
《诗经·国风·周南》

关关雎鸠，在河之洲。窈窕淑女，君子好逑。
参差荇菜，左右流之。窈窕淑女，寤寐求之。
求之不得，寤寐思服。悠哉悠哉，辗转反侧。
参差荇菜，左右采之。窈窕淑女，琴瑟友之。
参差荇菜，左右芼之。窈窕淑女，钟鼓乐之。

在这首诗歌中，当小伙子爱上了田间采摘荇菜的姑娘后，夜里辗转反侧，怎么也睡不着，脑中尽是姑娘的影子。怎么办呢？"琴瑟友之"——小伙子想好了用弹琴和奏瑟的方法取悦和靠近姑娘。于是，他终于进入了梦乡。梦中，小伙子梦见自己带着乐队，吹吹打打地将姑娘迎娶回家。在这首诗中，首先表现了小伙子对姑娘的敬重之情——远远地看着，思念着，想着让她高兴。

今天的大学生，身处高度文明的时代，应该树立正确的爱情观：爱一个人，首先要尊重她、关心她、爱护她，而不是强迫她和欺骗她。

第五章 艺术美

　　艺术是对生活进行审美反映的一种文化类型。它总是把生活中美好的一面展示给人们看，让人们感受到生活的美好，唤起人们对生活的热爱与向往之情，激发人们的进取意识，振奋人们的精神。因为各种艺术作品都是以审美为创作目的的，所以，艺术作品的欣赏从一定意义上讲是一种美的感受与体验活动。

　　艺术美是以自然和生活为基础，通过对自然美和生活美的提炼和加工创造出来的一种美。相对于自然美而言，艺术美中不仅加入了思想美的元素，而且精神美更为突出，艺术美不仅给人的审美影响积极强烈，而且更能鼓舞人的精神、增强人的信念等；相对于生活美而言，艺术美更加集中和典型，给人的情感与精神影响更为直接和强烈。

第一节　音乐之美

　　音乐是用有组织的乐音来表达人们的思想情感、反映现实生活的一种艺术形式。其特点是情感特别强烈,容易把人带进一种美妙的感情世界。可以说,音乐是人们表达感情的一种特殊语言。正如《礼记·乐记》所说的"凡音之起,由人心生也。人心之动,物使之然也,感于物而动,故形于声。"这段文字中所讲的"音"和"声"都是指声乐。音乐包含两部分内容,一是声乐,二是器乐,两者的结合常常能够把音乐的情感表现力发挥到极致。

一、天籁与音乐的起源

　　自然界本来存在着各种各样的声音,有些声音给人们的生活增添了诗情画意,如春暖花开时的百鸟和鸣之声,清幽之处的泉水之声,盛夏的蝉声,秋夜的蛐蛐叫等。这些声音既使人们的生活充满了自然意趣,又常常诱发人们的灵感,为人们的音乐创作活动增添色彩。

看微课

天籁与音乐的起源

　　人们习惯于把自然界各种美妙的声音称之为天籁,如风声、鸟声、流水声等。天籁之声是自然而然发生的,既没有施加任何外力影响,也没有进行任何修饰,原始本真,清雅平淡,充满了自然意趣,易于将人们带进想象与联想。

　　当天籁之声入耳悦心,给人们带来欢乐的时候,不仅会激发人们的生活热情,而且常常会给人们以创造的启示,唤起人们的创造灵感,于是各种音乐创造就出现了。例如,人们从气流通过洞穴发出声音受到启示,通过想象与联想,发明了埙,继而又发明了笛子、箫等乐器。乐器的发明,使天籁之音假以人的智慧而更富于魅力。

　　和其他艺术的起源一样,音乐艺术的产生与发展也受到了人们生产劳动的启示与影响。例如,当人们在狩猎活动中拉弓射箭时,弓弦弹动发出声响使人们受到启示,于是各种弦乐器就逐渐被发明出来。

　　在自然界的所有声音中,人声是最富内涵、最具情感的表现性和最有感染力的声音,以人声为基础,讲究发声艺术,同时辅以节奏、韵调等对人声进行美化的声乐艺术,是音乐艺术中最具活力和最富于魅力的部分。

二、音乐艺术的基本特点

　　音乐是通过人的听觉感知而引起人的各种情绪反应和情感体验的艺术。它能够在瞬间把人带进一种情境,使听众受到情感的熏陶和感染,使人身心轻松、精神愉快。概括起来讲，音乐艺术的基本特点主要表现为以下几点。

(一) 情感性

因为人的感情形之于声时发自肺腑，因此，以发自肺腑的声音为基础，经过提炼和升华的音乐艺术是最具情感性的艺术。换句话说，音乐是用有组织的乐音构成和谐有序、能够深入人心的声音集合体，用以拨动人的心弦，激起人的情感共鸣，从而引发人的想象、联想、思考等一系列精神活动的艺术形式。

音乐的特殊魅力和感染力主要来自于它的情感性。音乐的情感性主要表现在这几个方面：一是音乐能够灵活、准确、细腻地直接表达人的内心世界，使人的情感得到宣泄。这一点源于声音是人最基本、最多采用、最易于感知的一种思想与情感表达方式。二是音乐最接近于人们的生活，最易于深入人心和唤起人的情感共鸣。好的音乐作品，大都具有类似于"凄凄不似向前声，满座重闻皆掩泣"（白居易《琵琶行》）的感染效果。三是"以声传情"是人们与生俱来的一种自然本能，几乎不需要刻意地去培养，人们大都具有利用声音的大小、强弱、起伏、快慢等准确表达感情的能力。声音对人的情绪具有强烈的激发作用，能够迅速、直接地引起人的情感反应，支配人的感情。因此，声音就成为人们用来传达感情的好材料。正是由于声音的这种特性，使音乐的表现手段具有巨大的情感表现力。

(二) 时空性

由于听觉是人所有感觉中触域最广、最为敏锐的一种知觉能力，相对于视觉来讲，它的空间感知范围更为宽广，因此，音乐艺术可以在人们不经意间引起注意，并很快将其带入一种境界，使人们的情绪受到感染，这是音乐艺术的空间性。

由于音乐的物质材料是声音，即音乐运用人声和乐器声音作为表现材料，而声音是由物体振动发出的，它不具有形状、色彩等可视性，并且即生即灭，瞬间即逝，不能像雕塑艺术那样让人较长时间地感知和玩味，这是音乐艺术的时间性。

音乐艺术的时空性决定了欣赏者必须具备敏锐的音乐感知能力，必须能够在瞬间对音乐作品完整感知，整体把握，正确理解。为了弥补音乐转瞬即逝的不足，便于欣赏者感知和理解，词曲作者在乐句、乐段中常常使用重复、反复、变奏、回旋等手段，以增强音乐的感染效果。例如，绝大部分歌曲都是由两段或两段以上的歌词构成，而各段歌词常常共用一段曲子。这样的处理，便于欣赏者感知、记忆和理解。

（三）依赖性

音乐是无影无形的，它不能独立存在，必须依赖于一定的媒体和表演而存在，表演结束，音乐将随之消失。因此可以说，音乐是依赖性极强的艺术。没有人的表演，就没有声乐产生；没有器乐演奏，就不会有器乐产生。比较来看，雕塑作品一旦产生，就会独立存在，绘画一旦产生也会保留下来，这些作品可以不借助于任何媒体依然能供人们重复欣赏。音乐不行，人的演唱结束和乐队的演奏终止，音乐就即刻消失，人们要再次欣赏就必须重新表演和演奏。即使借助于现代媒介录制保存下来的音乐作品，要能够为人们再欣赏，也必须借助于音响设备播放出来。

（四）想象性与联想性

声音元素没有确切的含义，不具备为视觉提供空间造型的能力，运用音乐语言塑造的艺术形象和创造的艺术情境必须借助于想象和联想，与现实生活联系起来才能正确的感知和理解。可以说，没有想象与联想，就没有音乐艺术。

各种声音本身就是一种现实存在，如风声、雨声、鸟鸣声、水滴声、敲打声、人声等，这为人们的想象和联想提供了基础。加之现实中的物体发声各有特点，稍有生活经验的人大都能通过声音对各种事物或自然现象作出判断。因此，音乐不仅能够触发人的想象与联想，还能够引起人的心理共鸣、通感等，使人们获得强烈的精神体验。例如，民族器乐曲《百鸟朝凤》就是通过对各种鸟鸣声的模拟来描绘现实生活场景的，人们在听这首曲子时，会自然而然地联想到百鸟和鸣的欢乐情境。

三、中国音乐艺术管窥

中国音乐艺术的源头至少可以追溯到八千年以前的新石器时代早期。关于这一点，有大量的实物证据。例如，我国考古工作者在河南舞阳的贾湖遗址发现并出土了 32 支骨笛，这些骨笛的制作年代距今 8 700~8 200 年；在内蒙古的兴隆洼文化遗址，考古工作者发现并出土了一支制作于距今 8 200 年的骨笛。在长期的发展过程中，中国音乐形成了自己的特点和风格。

（一）取法天籁的中国民族音乐

崇尚自然是中国文化的基本思想之一。这一思想表现在音乐艺术方面就是视天籁为音乐的最高境界。所谓天籁，是指自然界的声响，风声、鸟鸣、泉水的叮咚之响等，凡凝聚天地神韵、日月精华的声音统称为天籁之音。现在人们已经习惯把特别优美动听的声音称为天籁。不仅如此,人们还用天籁来形容不事雕琢,有自然意趣的诗歌。

在崇尚天籁之音的思想影响下,中国的传统乐器大多取法自然,在制作上只对自然物料简单加工,十分简约,发声单一、自然、纯净,合奏有自然之趣,能把人带进一种美妙的情景。几片檀木板(图5-1-1)和几段竹板(图5-1-2)构成的简单打击乐器,融入到由多种乐器组成的乐队中,其声响是那样的清脆入耳,颇显天籁之音的魅力。

图 5-1-1 檀板　　　　　　　　　　　图 5-1-2 竹板

竹笛(图5-1-3)和葫芦丝(图5-1-4)这两件乐器,从大自然中取材十分方便,乐器构造简单,用自然之物稍事加工即成。但它们却能够完美地再现天籁之音,将人带进一种美妙的自然境地。

相较于上面几种乐器,扬琴(图5-1-5)的构造要复杂一些,但和西洋乐器相比却要简约得多。这种乐器的音色透明纯净,极富自然意趣和艺术魅力。慢奏时,其音响如叮咚的山泉,快奏时又如潺潺流水。它的音色明亮,犹如大珠小珠落玉盘般清脆,表现力极为丰富,可以独奏、合奏或为戏曲伴奏。

中国传统乐器源于自然,取材方便,制作简单,所以极易走进百姓的生活,不仅促使了民间音乐艺术的发展和繁荣,而且为百姓的生活提供了乐趣,使人们始终保持一种乐观向上的生活激情,继而产生发奋进取的精神。

图 5-1-3 竹笛　　　　　　图 5-1-4 葫芦丝　　　　　　图 5-1-5 扬琴

从另一个角度讲,由于中国传统乐器的制作材料信手拈来,制作简单,加之可模仿和再现的自然声音十分丰富,因此,乐器的种类很多。仅先秦时期的乐器,见于文献记载的就有近70种。而在《诗经》中提及的有29种,其中打击乐器有鼓、钟、钲、磬、缶、铃等21种,吹奏乐器有箫、管、埙、笙等6种,弹弦乐器有琴、瑟2种。

总之,中国古代的音乐艺术不仅起源早,而且在民间的普及程度高,至少在商朝建立后的3 000多年里始终保持一种繁荣的状态。

(二) 独具魅力的民族歌曲

中国的民族歌曲是人类声乐艺术的一枝奇葩,其巨大的艺术魅力是世界上其他民族的歌曲难以企及的。根本原因在于:一是汉语的语音是以元音为主的乐音体系,汉语的每个音节必含元音,因此,用汉语写成的歌曲要比用以辅音为主的拉丁语系拼音语言写成的歌曲唱起来更入耳动听。二是汉字几乎是每个字对应一个音节,用汉字写成的歌曲不论是适应旋律,还是配合节奏,都具有很大的自由度,能够把声乐艺术的魅力发挥得淋漓尽致。三是汉字本身是形、音、义三位一体的文字,几乎每个字都有明确的含义,表现力极强,很容易将人带入想象的境界。

看微课

独具魅力的民族歌曲

从声乐艺术本身来看,它是音乐与文学相结合的产物,是一种配合着音乐的特殊的语言表达方式。以音乐传达感情,用语言表达思想,两者的结合不仅使音乐和语言的魅力都得到了提升,而且使音乐欣赏的难度大大降低。就汉语歌曲来讲,每个字的读音都以元音为中心,稍加修饰就具有乐感。因此,汉语言与音乐的融合十分容易,而且效果十分美妙。

汉语歌曲的欣赏与一般音乐欣赏略有不同。欣赏汉语歌曲,首先要将歌词当作诗来读,真正弄清楚歌词所抒发的感情和表达的思想,然后再聆听音乐和演唱。这样不仅获得的美感十分强烈,而且受到的情绪感染会更加直接,对音乐思想的理解会更加深透。

(三) 中国名曲举例

中国音乐艺术的发展长时间保持繁荣状态,留下来的各种音乐文化遗产十分丰富,其中一些名曲具有恒久的艺术魅力。

1.《二泉映月》

《二泉映月》是中国民间二胡音乐家华彦钧(阿炳)的代表作。这首乐曲感情凄婉、意境深邃,显示了中国二胡艺术的独特魅力,荣获"20世纪华人音乐经典作品奖"。

"二泉"是指江苏无锡的惠山泉,世称"天下第二泉"。 阿炳经常在无锡二

泉边拉二胡,创作此曲时已双目失明。他经常在深夜时分拉奏此曲,凄切哀怨、令人动容。

全曲将主题变奏五次,随着音乐的陈述、引申和展开,音乐情绪随之高涨。全曲速度虽变化不大,但其力度变化幅度大。每逢演奏长于四分音符的乐音时,用弓轻重有变,忽强忽弱,音乐时起时伏、扣人心弦,能够将人带进一种夜阑人静、泉清月冷的意境。

2.《梁祝》

《梁祝》小提琴协奏曲是陈钢与何占豪就读于上海音乐学院时的作品,作于1958年冬,首演由俞丽拿担任小提琴独奏。该曲以越剧中的曲调为素材,综合采用交响乐与我国民间戏曲音乐表现手法,依照剧情发展精心构思布局,采用奏鸣曲式结构,单乐章,有小标题。

全曲大概二十六分钟,开头五分钟叙述梁祝爱情主题,然后是快乐的学习生活,接着是十八相送。从十分钟开始进入第二段,祝英台回家抗婚不成,楼台相会,最后哭灵。第二段和第一段长度差不多,大约十一分钟。最后一段是化蝶,使主题再现。

3.《梅花三弄》

《梅花三弄》是一首古琴曲,由笛曲改编而来。此曲结构上采用循环再现的手法,重复整段主题三次,每次重复都采用泛音奏法,故称为《三弄》。乐曲通过歌颂梅花不畏寒霜、迎风斗雪的顽强性格,来赞誉具有高尚情操之人。

明清琴曲《梅花三弄》多以梅花凌霜傲寒、高洁不屈的节操与气质为表现内容。"梅为花之最清,琴为声之最清,以最清之声写最清之物,宜其有凌霜音韵也""三弄之意,则取泛音三段,同弦异徽云尔"(明《伯牙心法》)。

今天的演奏用谱主要有二:一是虞山派的《琴谱谐声》(清周显祖编,1820年刻本)中的琴箫合谱,其节奏较为规整,宜于合奏;二是广陵派晚期的《蕉庵琴谱》(清秦淮瀚辑,1868年刊本),该曲谱节奏较自由,曲终前的转调令人耳目一新。

4.《春江花月夜》

《春江花月夜》原来是一首琵琶独奏曲,又名《夕阳箫鼓》《浔阳琵琶》《浔阳夜月》《浔阳曲》,后被改编成民族管弦乐曲。乐曲通过委婉质朴的旋律,流畅多变的节奏,形象地描绘了月夜春江的迷人景色,抒发了对江南水乡美景温情的向往与热爱之情。

该曲原意表达一位江上思妇的哀怨离愁,改编后的乐曲主题有所改变,变成了描绘夕阳西下、云破月来、渔舟唱晚的山水乐曲。乐曲用二胡、琵琶、古筝、洞箫、钟、鼓等乐器演奏。全曲中没有一件乐器是从头演奏到尾的,但全曲又一气呵成,并无断续之感。其中琵琶着重用于模拟江楼钟鼓、急浪拍岸之声;二胡着重表现绵邈的思绪与终曲人不见的淡远之情;古筝着重模拟跳荡的或舒缓

看微课

中国名曲

的流波之声;洞箫表现舟子唱渔歌时的悠扬声音;钟声传出静谧的气氛;鼓音又增加了"海上明月共潮生"的气势。诸种乐器在演奏乐曲时或简或繁、或停或续、或高或低、或短或长、或合或分、有机组合,变化纷呈,既各尽其能、千姿百态,又表现着同一主题,加强了乐曲的感染力。

5.《汉宫秋月》

《汉宫秋月》是中国十大古典名曲之一。现流传的演奏形式有二胡曲、琵琶曲、古筝曲、江南丝竹等。其主要内容表达的是古代宫女哀怨悲愁的情绪及一种无可奈何、寂寥清冷的生命意境。

二胡曲《汉宫秋月》速度缓慢,用弓细腻多变,旋律经常出现短促的休止和顿音,音乐时断时续。该曲由崇明派同名琵琶曲第一段移植到广东小曲,粤胡演奏,又名为《三潭印月》。1929 年前后,刘天华记录了唱片粤胡曲《汉宫秋月》谱,改由二胡演奏。

江南丝竹调《汉宫秋月》采用的原为乙字调(A 宫),由孙裕德传谱。沈其昌的《瀛州古调》(1916 年编)丝竹文曲合奏用正宫调(G 宫)。琵琶仍用乙字调弦法,降低大二度定弦,抒情委婉,表达了古代宫女细腻、深远的哀怨苦闷之情。中段运用了配器之长,各声部互相发挥,相得益彰,给人以追求与向往。最后所有乐器均以整段慢板演奏,表现出中天皓月渐渐西沉,大地归于寂静的情景。

琵琶曲《汉宫秋月》以歌舞形象写后宫寂寥,更显清怨抑郁,有不同传谱。目前主要是据无锡吴畹卿所传,经刘德海加上了许多音色变化及意向铺衍的指法,一吟三叹,情景兼备,很有感染力。

四、外国音乐的三大体裁

相对于中国音乐的清新、淡雅和自然纯净,外国音乐更多一点富丽典雅、气势雄浑,震撼力相对较强。总的来看,外国音乐有以下几方面值得关注。

(一) 管弦乐

管弦乐是指由弦乐和管乐作为主奏乐器进行合奏,用打击乐进行伴奏的一类音乐体裁。这类音乐体裁的基本特点是:管乐和弦乐既层次清晰,又相互交融。交融时雄浑、激越,分离时清雅、舒缓。

管弦乐演奏的配器一般由三组构成:弦乐器、管乐器和打击乐器。其中,弦乐器和管乐器为主奏乐器,打击乐器为伴奏乐器。弦乐器组一般由小提琴、中提琴、大提琴、低音提琴、竖琴、六弦琴和贝司等组成。管乐器组一般由短笛、长笛、双簧管、单簧管、巴松管、小号、长号和大号等组成。打击乐器组一般由定音鼓、低音鼓、铙、木琴和架子鼓等组成。

看微课

管弦乐

管弦乐的基本特点是以两个主奏乐器组的轮奏为主要音乐结构,两组乐器的齐奏较少。在轮奏过程中,当弦乐组为主奏时,管乐组辅助;当管乐组为主奏时,弦乐组辅助。因此,管弦乐的层次一般十分清晰。打击乐组在管弦乐中始终处于辅助地位,音效一般不是很突出。

(二) 交响乐

看微课

交响乐

交响乐是在管弦乐的基础上发展而来的。交响乐与管弦乐的区别突出地表现为三点:一是打击乐在交响乐中与弦乐、管乐一样,也是主奏乐器;二是交响乐以弦乐、管乐和打击乐三个乐器组的齐奏为主要表现手段,轮奏较少;三是交响乐的配器更加丰富,音乐内涵更加丰富,感染力更强。

识别交响乐主要把握住两点:一是交响乐以多种乐器"一齐响"为突出特点,音乐气氛热烈,感染力和震撼力更强;二是打击乐在管弦乐中是伴奏乐器,在交响乐中是主奏乐器。

(三) 协奏曲

看微课

协奏曲

协奏曲是指由一件或一组乐器独奏,由管弦乐队进行协奏的一种音乐体裁。其基本特点一般表现为两点:一是协奏曲以一件或多件乐器的独奏为主要音乐结构,以管弦乐队的协助来丰富音乐层次;二是用独奏乐器奏出音乐的主旋律,由管弦乐队通过齐奏、轮奏等协助方式烘托音乐背景,加强音乐气氛,增强音乐的感染力等。

除以上介绍的几种音乐体裁形式外,外国的很多器乐音乐也十分卓越,如钢琴曲、萨克斯音乐等。

第二节　舞蹈之美

舞蹈是以人的形体姿态和动作为主要表现手段,借以表现生命活力、生活激情,以及人们对生活的美好向往等情绪的一种艺术形式。舞蹈欣赏可以使人体会到人生的精彩、生活的美好,激发人的生活热情,振奋人的精神,使人更加热爱生活,更好地生活。

一、舞蹈艺术的基本特点

舞蹈以人体美为基础,把人体动作作为主要表现手段,有节奏、有章法地变换不同的动作姿态,塑造舞蹈艺术形象,使人们通过对舞蹈形象的理解和体会把握舞蹈所表现的思想。概括来讲,舞蹈艺术主要有以下几个基本特点。

(一) 造型性

舞蹈是以人体美为基本审美元素的艺术,舞蹈艺术形象主要是人物形象。舞蹈艺术的美首先表现在人的形体美,主要体现于人体的造型美。

舞蹈艺术首先呈现给人们的是充满生命活力的美的人体。不论什么舞蹈,首先跃入观众眼目的是舞蹈演员匀称、健美的形体和与之相关的局部身体特征。例如,表现男演员强健有力的臂膀、胸肌、腿部力量感(图 5-2-1),表现女演员温柔美丽、婀娜多姿的体态,优美迷人的曲线,纤纤玉手,美胸,秀肩(图 5-2-2)等。

图 5-2-1　强健有力　　　　　图 5-2-2　婀娜多姿

在舞蹈艺术中,表演主体的形体美主要是通过舞蹈造型展示出来的。舞蹈造型虽然有着与雕塑相似的象征与暗示意义,但它与雕塑的静态性不同,它是一种动态的造型艺术。舞蹈形象始终处在运动状态中,即运用一定的线索将一个个造型连接起来,并且使其具有前后相继性,借以塑造出各种活生生的动态形象。舞蹈的造型不仅是人物形象的静态造型,更主要的是动态造型,是和人体动作相结合的造型美。

(二) 动作性

无论什么样的舞蹈,其基本的因素都是动作姿态、节奏和表情,而其中最主要的是人体动作。没有动作,就没有舞蹈。

舞蹈动作是一种具有审美特性并富于技巧性的人体运动,举手投足都要能够给人以美感。与此同时,舞蹈动作又不同于一般的人体动作,而是一种活生生的艺术表现手段。旋转动作通过轻灵舒展的舞姿(图5-2-3)和欢快的节奏表现生活的多姿多彩,使观众感受到生活的美好,继而产生对美好生活的向往之情。欢快的跳跃动作(图5-2-4)通过对生命活力的展示,激发观众的生活热情,振奋其精神。

图5-2-3 旋转

图5-2-4 跳跃

舞蹈动作的产生主要有两个途径:一是对生活动作的典型化处理,二是对自然的摹仿。

生活中自然性的动作一般没有象征和暗示意义,所以不能直接用于思想表达。这就需要对其进行艺术加工,使之成为舞蹈化的动作,成为有节奏的、具有造型美和富有表现力的动作。对生活中自然性的动作的加工也就是艺术创作理论上所讲的典型化。象征着携手奋进的动作(图5-2-5)是以现实生活中的携手、攀登、迈进、展望等多种自然动作为基础,经过艺术加工和巧妙组合而创造出来的。

为了既充分展示人体美的特征,又清楚明白地表达舞蹈思想,舞蹈创作者常常模仿人们所熟知的事物的形态来创造出一些舞蹈动作。这样,既可以使整个舞蹈充满意趣与活力,又可以使舞蹈动作的象征与暗示意义更加明显。例如,为了表现女性的婀娜多姿,模仿风摆细柳的情态,以腰臂柔和的扭动表现出形体的匀称美、曲线美,乃至女性的温柔美;为了表现男性的刚健,模仿骏马奔腾或鹞子翻身等情态,将生命的活力充分地展示出来。再如,模仿兰花的形

图 5-2-5　携手奋进

图 5-2-6　振翅欲飞

状表现手指的秀美,模仿鸟的飞翔姿态表现身体的轻盈(图 5-2-6)等。

不管是哪一类动作,一般都具有两个特性:一是能够展示人体美的特征,表现出生命活力;二是有明确的象征和暗示意义,能够很好地表现舞蹈主题。

(三) 节奏性

动作与节奏是一对孪生兄弟,只要有动作就有节奏。舞蹈是动作的艺术,舞蹈离不开节奏。舞蹈节奏就是舞蹈动作在力度的强弱、速度的快慢、能量的增减,以及幅度的大小等方面的对比和变化。舞蹈动作的连续性决定了它必须在一定的节奏下进行,即必须通过节奏的速度、力度、能量及抑扬顿挫等来表达思想。可以说,没有节奏就不可能有动人的舞蹈。节奏既是表达内在情感的基础,又是构成舞蹈艺术的要素之一。

相同的动作,由于节奏的不同,可以表现出不同的情绪和情感,表达出不同的思想内容。同样是表现悲愤之情的动作(图 5-2-7),动作节奏的幅度、力度不同,所体现出来的情感的强烈程度不同。同样是翩翩起舞的动作(图 5-2-8),动作节奏的速度不同,表现出来的人物性格也不同——动作节奏舒缓,表现人物性格的文雅与温和;节奏欢快,表现人物性格的开朗与活泼。

舞蹈节奏分为内在节奏和外在节奏两种。内在节奏是指人的各种情绪和情感在人的肌体内部所引起的节奏反应。外在节奏是指与舞蹈配合的音乐节奏、画外音的语速,以及场景的变换节奏等。内在节奏一般体现在动作的快慢、幅度的大小、力度的强弱等方面。外在节奏不仅可以通过音乐节奏的快慢、声音的强弱、场景的变化来表现,还可以通过其他演员的配合等手段来表现。

图 5-2-7　悲愤　　　　　　　　　　图 5-2-8　翩翩起舞

（四）抒情性

任何一种艺术形式都离不开抒情，抒情是舞蹈艺术的灵魂。阮籍在《乐论》中说："歌以叙志，舞以宣情。"《诗经·周南·关雎·序》说："诗者，志之所及也，在心为志，发言为诗。情动于中而形于言，言之不足故嗟叹之，嗟叹之不足故咏歌之，咏歌之不足，不知手之舞之，足之蹈之也。""手舞足蹈"是感情自内心喷发而出的一种表现。也就是说，情感是舞蹈形成的根源、基础、出发点和落脚点。

人类借以抒情的语言主要有两种，一种是口头语言，一种是形体语言。口头语言是一种听觉语言，形体语言是一种视觉语言。舞蹈是运用形体语言进行抒情的艺术形式。具体来说就是，运用面部表情、手势、形体姿态、肢体动作等具象性的形体语言来表达思想、抒发感情。由于各种形体语言都是以鲜活的形象出现的，因此，舞蹈的抒情不仅形象生动、富于意境，而且审美性和感染力都极强，既能给观众以强烈的视觉享受，又能够把观众带进广阔的想象空间。

（五）综合性

舞蹈艺术是以经过提炼加工的动作为主要表现手段，通过节奏、造型等对动作的艺术处理，塑造出具有直观性和动态性的舞蹈形象，表达人们的思想感情的一种艺术样式。

舞蹈是形体艺术，但又不单是形体艺术。舞蹈不仅与音乐艺术高度融合，而且吸收了很多的艺术元素,综合性的特点十分突出。今天,不仅所有的舞蹈都有舞曲伴奏,而且歌曲也常常借助舞蹈来铺陈意境。在歌曲演唱中经常可以看到"歌伴舞"的情形,歌舞相衬,优势互补,能够创造出一种动静结合、极富魅力的美妙意境。

随着声光技术的发展,舞台造景更加容易,舞蹈场景的创造和变化更加丰富多彩,灯光、道具、背景音乐等手段的运用更为丰富多样,舞蹈的艺术魅力得到进一步的提升。

二、舞蹈的分类

作为一个大的艺术门类,舞蹈的种类繁多。依据功用,舞蹈可以分为生活舞蹈和艺术舞蹈两大类。

生活舞蹈是指人们在日常生活中出于自娱、健身、社交等需要而选用的舞蹈形式。其特点是动作简单、随意,可以即兴发挥,具有广泛的群众性和普及性,其中包括交际舞、广场舞和现代舞等。

艺术舞蹈是指专业或业余演员在舞台上表演的供观众欣赏的舞蹈。这类舞蹈一般都是根据一定的主题表达需要而创作的,舞蹈动作都经过了精心的设计与美化处理,具有较高的技艺水平、完整的艺术构思、鲜明的主题思想、生动的艺术形象。根据表现形式,艺术舞蹈可分为独舞、双人舞、群舞、组舞、歌舞、歌舞剧、舞剧等。

根据艺术风格,舞蹈可分为古典舞蹈、民间舞蹈、现代舞蹈、当代舞蹈和芭蕾舞。

1. 古典舞蹈

古典舞蹈是指在民族和民间舞蹈的基础上,经过艺术工作者提炼、整理、加工改造,并经过长期艺术表演实践获得人们的认可而最终保留下来的,具有典范性和古典艺术风格的舞蹈。

2. 民间舞蹈

民间舞蹈是由广大人民群众在长期的生活实践中集体创造,不断发展和完善,并在群众中广泛流传的一种舞蹈形式。它直接反映人民群众的思想感情、理想和愿望。由于各个民族、各个地区人民的生活方式、文化心态、风俗习惯互有差异,因而民族舞蹈的种类繁多、风格各异。我国的民间舞不仅有汉族的秧歌舞、花灯舞、龙灯舞、狮子舞等;各少数民族也有自己的民间舞,如蒙古族的安代舞、筷子舞、盅子舞;藏族的锅庄舞、弦子舞;维吾尔族的赛乃姆、多朗舞;朝鲜族的扇子舞、长鼓舞;瑶族的铜鼓舞;傣族的孔雀舞;苗族的芦笙舞;彝族的阿细跳月等,真可谓百花齐放、百舞争辉。

图 5-2-9　芭蕾舞

3. 现代舞蹈

现代舞蹈是 19 世纪末 20 世纪初在欧美兴起的一种舞蹈流派,其特点是摆脱了古典芭蕾过于僵化的动作程式,以合乎自然运动法则的舞蹈动作,自由地抒发人的真情实感,反映现实社会生活。

4. 芭蕾舞

芭蕾舞是一种欧洲古典舞蹈。芭蕾舞孕育于意大利文艺复兴时期,17 世纪后半叶开始在法国流行并逐渐职业化,在不断革新中风靡世界。芭蕾舞最重要的一个特征即女演员表演时以脚尖点地,故又称脚尖舞(图 5-2-9),其代表作品有《天鹅湖》《仙女》《胡桃夹子》等。

三、中国民族舞蹈

我国是一个多民族的国家,民族舞蹈的资源相当丰富,其中著名的民族舞蹈有蒙古族舞、傣族舞、藏族舞、朝鲜族舞和新疆舞等。很多优秀的民间舞蹈,在特定的节奏配合下,往往只通过几个并不复杂的动作,就能使人触摸到这个民族的心灵,感受到这个民族或是优美抒情、或是活泼豪爽、或是矫健强悍、或是含蓄深沉的不同性格。

1. 傣族舞

云南的傣族舞蹈,优美恬静,感情内在含蓄,手的动作非常丰富,舞姿富有雕塑性,四肢及躯干各关节都要求弯曲,形成特有的"三道弯"造型。舞蹈动作与节奏的特点是:重拍向下的动作均匀、颤动,具有南亚舞蹈的特征。

傣族舞蹈中最具代表性的是孔雀舞(图 5-2-10)。在傣族人民心目中,"圣鸟"孔雀是幸福吉祥的象征。人们在家园中饲养孔雀,并把孔雀视为善良、智慧、美丽和吉祥、幸福的象征。在种类繁多的傣族舞蹈中,孔雀舞是人们最喜爱、最熟悉,也是变化和发展最快的舞蹈之一。

杨丽萍创作的《雀之灵》就是最能体现孔雀舞特

图 5-2-10　孔雀舞

点的一个舞蹈。这个独舞选取了孔雀的几个典型动作,杨丽萍运用手指、手臂、腰、胯等部位的优美动作与婀娜的身段进行模仿式的再现,塑造出了一个精巧、灵秀、美丽的孔雀形象,表达了傣家人民对和平、幸福、美满、安宁生活的向往之情,既有诗的意境,又有美的内涵,还有对心灵的震撼。

2. 蒙古族舞蹈

蒙古族是能歌善舞的民族。蒙古族舞蹈(图5-2-11)的特点是节奏明快、热情奔放、语汇新颖、风格独特。动作多以抖肩、翻腕来表现蒙古族姑娘欢快优美、热情开朗的性格。男子的舞姿造型挺拔、豪迈,步伐轻捷、洒脱,表现出蒙古族男性剽悍、英武,刚劲有力之美。蒙古族舞蹈久负盛名,传统的马刀舞、鄂尔多斯舞、筷子舞、驯马手舞、小青马舞、盅碗舞等,节奏欢快、舞步轻捷,表现出了蒙古族劳动人民纯朴、热情、精壮的健康气质。保留节目有"筷子舞""马刀舞""驯马舞""鹰舞""牧民的喜悦"和"鼓舞"等。

图5-2-11 蒙古舞

3. 新疆舞

新疆舞蹈活泼优美,步伐轻快灵巧,身体各部分的运用较为细致,尤其是手腕和颈部的舞姿变化极为丰富。北疆以伊犁为代表,它的赛乃姆舞蹈,吸收了其他民族的一些舞蹈成分,动作潇洒豪放、轻快利落,不时出现戛然静止和幽默风趣的小动作。东疆以哈密为代表,这里的赛乃姆音乐比较缓慢,节奏中保留了不常见的节拍;它的舞蹈动作稳重,手腕的变化不大,基本是半握拳式,在头上左右摆动,单步较多。

由于各地区的赛乃姆风格特点不同,所以群众习惯在赛乃姆前面冠以地名以示区别,如喀什赛乃姆、伊犁赛乃姆等。伴奏乐器一般有弹拨尔、热瓦甫、都它、沙塔尔、达甫(即手鼓)等。手鼓在赛乃姆中起着重要作用,既掌握速度,又以响亮流畅的鼓声渲染气氛、鼓舞人心。

4. 安徽花鼓灯

花鼓灯是我国淮河流域,特别是淮北一带农村十分盛行的歌舞形式。安徽的花鼓灯是以打击乐器伴奏为主要节奏表现手段,锣鼓点丰富,节奏多变,能以长短轻重的音色变化来控制角色的情绪,根据鼓声的抑扬顿挫来表现或娓娓细说、或热情倾诉的人物内心活动。

四、外国舞蹈艺术

相对于中国舞蹈注重抒情、形象塑造和意境创造而言,外国舞蹈更注重人体美的展示、生命活力的表现和生活激情的释放。这些特点在芭蕾舞和现代舞上都得到了充分的体现。

(一)芭蕾舞

看微课

芭蕾舞

芭蕾是从欧洲宫廷舞蹈发展而来的,起初是宫廷中专有的舞蹈形式,后来转移到剧场中去演出。因为它有一整套技术规范和要求,所以称之为古典芭蕾。古典芭蕾是表演性舞蹈中技巧要求最高和最讲究形式规范的舞蹈。

芭蕾舞高雅、轻柔,其技巧性和复杂性在众多舞蹈艺术里首屈一指,是一种很具审美价值的舞蹈。芭蕾舞的特点主要表现在体形特征、足尖技巧和高难技巧三个方面。

1. 形体特征

芭蕾舞的体形特征表现为开、绷、直、立、弧和张六个字。"开"是指各种姿态均要求双腿从胯关节向外打开(图5-2-12),以增加动作幅度,使动作姿态更为优雅;"绷"是指脚背必须绷直(图5-2-13),脚面突出,使腿显得更加修长、舒展;"直"是指基本站立和甩腿都要求保持笔直、稳定、有力,使舞姿更为舒展、劲健。"立"是指直立要挺拔向上,身体姿态挺拔舒展,讲究形态美;"弧"是指手臂动作要流畅、呈弧形,手形应柔若无骨,呈柔和的圆形;"张"是指演员的腿、臂及身体要尽可能伸展。

2. 足尖技巧

足尖技巧是芭蕾舞区别于其他舞蹈的显著特点,它突出了演员双腿的功夫和轻盈感,使芭蕾成为最生动、最典雅和最美丽的

图5-2-12　开

图5-2-13　绷

艺术。

3. 高难技巧

高难技巧主要包括旋转、跳跃、双人舞技巧等。旋转，一只脚为轴，另一只脚在膝盖处或脚踝处，做伸展、外旋或内旋运动。评判其动作质量，不仅看转圈的数量，还要看旋转速度和节奏以及结束动作是否平稳、利落、漂亮。跳跃，分大跳、小跳、移动中跳等，最感人的跳跃是不仅跳得高、跳得轻、落得稳，还要把握好音乐节奏，手臂、头以及脸部表情协调一致。双人舞，技巧动作包括托举、支撑旋转和平衡三大类。其美感不是为了表现男演员的力气，而是突出女主角在空中的轻盈飘逸。

总之，芭蕾舞是一种高雅、高贵的舞蹈，是柔美中透出力量的舞蹈。它讲究精准的动作和饱满的情感表达。舞者完成动作的难度很大，体力消耗也很大，但观感却十分优雅轻盈。

（二）现代舞

现代舞是 20 世纪初在西方兴起的一种与古典芭蕾相对立的舞蹈派别。其主要美学观点是反对古典芭蕾的因循守旧和单纯追求技巧的形式主义倾向，主张摆脱古典芭蕾舞过于僵化的动作程式的束缚，以合乎自然运动法则的舞蹈动作，自由地抒发人的真情实感，强调舞蹈艺术要反映现代社会生活。

现代舞的最大特点是形式活泼、自由舒展，"八仙过海，各显神通"，便于人们抒发自我内心感受。正如美国现代舞大师默斯·堪宁汉所说："如果你不喜欢别人的作品，那就编一个自己喜欢的好了。"

看微课

现代舞

（三）交谊舞

交谊舞是起源于西方的国际性的社交舞蹈，又称舞厅舞、交际舞和社交舞等。交谊舞以两个人配合舞蹈为主要特点（图 5-2-14）。

交谊舞之美主要表现在三点：一是运动之美。交谊舞既是一种积极的休闲运动方式，也是一种能够给人以强烈的美感体验和精神快感的运动方式。在舞蹈过程中，人们对音乐的欣赏，对动作力度和幅度的把握，对舞蹈情境的品味等，都可以化做对美好生活的热爱与向往。二是和谐之美（图 5-2-15）。男女双方构成交谊舞的整体美。两人之间的和谐体现在舞姿的自然舒展、舞步的轻盈舒畅、舞感的心有灵犀，以及舞起来的轻松自如等。三是默契之美。默契是指双方的配合，它不仅取决于双方的艺术感悟力，而且决定于双方的心灵沟通。就艺术感悟来讲，双方对音乐节奏的感悟、对舞步力度与幅度的把握应是高度一致的，就心灵的沟通来讲，一方的一个微笑、一个暗示，另一

看微课

交际舞

图 5-2-14　交谊舞　　　　　　　　图 5-2-15　和谐美

方都会心领神会,并给予积极主动的回应,这样,双方的舞蹈就能进入一种美妙的意境。

第三节　绘画之美

　　绘画是运用点、线、色彩、明暗、透视、构图等手段,在平面上创造图像,反映现实和表达审美感受、思想情感的艺术。与雕塑艺术相比,它在平面上创造图像,作品形态是平面的,没有雕塑艺术的立体感;与工艺美术相比,绘画是表达审美感受和思想感情的,而与绘画表现形态相同的平面性的工艺美术作品是起美化装饰作用的,二者的创作目的不同。

一、绘画艺术的一般特点

　　绘画是用色彩和线条在平面上描绘形象的一种美术形式。它借助于可利用的物质材料和相应的创作方法来创造二维形象,诸如运用画笔、画刷、画刀等各种绘画工具和涂抹、喷洒、拓印等各种绘制手段,将颜料、墨汁、油墨等有色物质描绘和移置到纸张、纺织物、木板、皮革、墙壁或岩石等平面上,以线条、色彩、明暗等造型因素,通过构图形成具有视觉形象的画面。绘画的特点主要概括为以下几点。

(一) 平面与静态的表现形式

　　绘画在平面上描绘各种可见事物的形象,所能表现的对象十分广泛,而且在再现对象的形貌神情和丰富色彩方面具有特殊的表现力。

绘画长于描绘静态的物体，但也能够像摄影那样用画面表现物象运动的瞬间，寓动于静，借以表现它的过去和未来，使欣赏者由画面形象联想到有关情景。如 19 世纪法国著名画家米勒的名作《扶锄的男子》(图5-3-1)，通过描绘一个男子扶锄休息的瞬间，既表现了男子劳动的艰辛，俯身喘息，抬头远望，又预示了人物接下来的活动——歇息之后，还要继续劳动。这幅画通过静态的画面十分生动地描绘出男子内心的悲苦和命运的艰辛。

图 5-3-1　扶锄的男子

(二) 幻觉利用与空间展现

绘画是在二维空间上，依靠明暗和形象结构表现物象的凹凸，造成立体幻象，令观者感到物象是立体的，并通过物象大小、遮挡关系、透视变化和色彩变化、虚实等手法，造成深远的空间效果。

绘画之所以能在二维空间(平面)上，将现实世界的物象的立体性、物象的空间关系表现出来，并给人以真实感受，主要是利用了人们对物体距离的知觉幻觉和知觉思维经验。具体来讲，绘画在表现物体间的距离和深远空间时，主要利用了五种视觉规律：一是物象的大小关系，即利用视感知觉的基本印象，就所画形象，大的被知觉为大，小的被知觉为小。二是物象的遮挡关系，即遮挡物象在前，被遮挡物象在后。三是透视变化规律，按透视学造型，利用物体近大远小的现象，表现空间距离。四是色彩变化的基本规律，包括明度变化——近处明度对比强，远处明度对比弱；色相变化——近处物体色相纯正，远处物体的色相向冷色变化，倾向蓝灰色；色度变化——随着物体渐远，其色彩的明度、纯度逐渐降低，近处色彩纯度对比强，远处纯度对比弱，色彩逐渐趋同。以上这些色彩变化，均属于空气透视现象。五是虚实变化，由于空气透视的原因，物象形体近实远虚，近处物象清晰、具体，远处物象概括、模糊。在绘画创作中，这五种视觉规律常常是被综合起来运用的。

(三) 具体而富有想象的形象描绘

绘画通过视觉形象反映生活，但不拘泥于简单的再现生活，也不求视觉上的完全逼真，更不局限于表现可见的事物。绘画不仅通过视觉形象的描绘表现人的思想感情,而且还力求使欣赏者通过画面联想到没有出现在画面上而又和画面形象有密切联系的事物。清代笪重光在《画筌》中说:"虚实相生,无画处皆成妙境。"这句话讲的正是绘画采用虚实相生的手法,描绘具体物象于画中,引人的思维至画外,使人获得更加丰富、更加强烈的审美享受。

(四) 再现与表现相得益彰

绘画善于描绘,尤其是再现性的描绘,可以真实地反映生活,记录生活,使人们更加热爱生活。西晋陆机在《士衡论画》中说:"宣物莫大于言,存形莫善于画。"讲的便是绘画具有真实记录生活的特点。

绘画对物象的再现性描绘可以达到酷似的程度,如唐代画家韦无忝曾奉命画一头外国进贡的狮子,画得非常逼真,画好后,将其挂在兽苑展出时,百兽见了都吓得急忙逃走。古代欧洲一些画家甚至主张绘画要像镜子一样反映现实生活,把绘画的再现功能发挥得淋漓尽致。

尽管再现可以把绘画的视觉魅力发挥到极致,但其思想表现力还是很难最大限度地发挥出来。于是,人们开始探索绘画的表现功能。我国宋代画家米芾及其子米友仁提出了"心画"的主张,认为绘画应是画家人品、胸襟、情思的表现,强调绘画要表现人的思想、意识、感情、精神、艺术旨趣、审美理想以及潜意识等。这就把绘画艺术提升到了一种全新的境界,大大拓展了绘画艺术的施展空间。

由于人的内心世界丰富多彩,因而以描绘对象为媒介、以表现主观世界为目的的表现性作品,也就呈现出千姿百态、风格各异的面貌。如齐白石画虾,简单的几笔,画出的是虾的活力,表现的是人的志趣。

(五) 视觉美感的丰富性

不同的画种,由于绘画工具、材料、创作方法、艺术技巧等的不同,具有各自不同的艺术风格和不同的视觉美感。如,中国画意境高远、清新淡雅、富有神韵;油画色彩艳丽、物象逼真、视觉美感十足。从另一个角度看,由于不同的画家驾驭绘画语言的方法不同,以及运用笔法、墨法、刀法、色彩、构图等的差异,即使画同一画种、相同题材的作品,给予人们的美感也不尽相同。

二、绘画的分类

从不同角度来看,绘画可分为很多种。常见的分类方法主要有以下几种:

（一）按照使用的工具和材料的不同，绘画分为中国画、油画、版画、水彩画、水粉画等

1. 中国画

中国传统绘画形式是用毛笔蘸水、墨、彩作画于绢或纸上，这种画种被称为"中国画"，简称"国画"。绘画工具和材料有毛笔、墨、国画颜料、宣纸、绢等，题材可分人物、山水、花鸟等，技法可分工笔和写意。

中国画的最大特点是注重人的情感与精神表现，讲求"以形写神"，追求一种"妙在似与不似之间"的神韵，画风清新，意境高远。

2. 油画

油画起源于欧洲，约 15 世纪时由荷兰人发明，用亚麻子油调和颜料，在经过处理的油画布或木板、纸板上作画。油画颜料不透明、覆盖力强，所以绘画时可以由深到浅，逐层覆盖，使画作产生立体感。油画是西方绘画的主要画种之一。

3. 版画

版画是在不同材料的版面上刻画形象后印制而成，它的最大特点是可以连续重复印制。由于版材的性质与刻印方式的不同，可将其分为木刻画、铜版画、石版画等。木刻画是最常见的版画形式之一。

4. 水彩画和水粉画

水彩画和水粉画是以水调和颜料创作的绘画，大多画于纸上。水彩画特别借助水对颜料的渗溶效果及纸的底色，产生画面的透明感及轻快、湿润的艺术特色。水粉画颜料有一定的覆盖力，又容易被水稀释，可用干、湿、透明、厚积等不同表现方法作画，其特点兼有水彩的明快、油画的浑厚。当代的宣传画、广告画多采用水粉材料画成。

（二）按照表现对象的不同，可分为人物画、风景画、静物画、动物画等

1. 人物画

人物画是以人物形象为主体的绘画的总称。人物画力求人物个性刻画得逼真传神、气韵生动、形神兼备。其传神之法，常把对人物性格的表现，寓于环境、气氛、身段和动态的渲染之中。

2. 风景画

风景画就是以风景为题材的绘画。中国画中的山水画就属于风景画，但一般不用"风景画"的概念，而称作"山水画"。风景画的概念一般仅使用于西方传入的油画、水彩画等。西方的油画风景、中国的山水画最早只作为人物画的背景，以后才逐步发展为独立的画科。

3. 静物画

静物画是以相对静止的物体为主要描绘对象的绘画。所绘物体(如花卉、蔬果、器皿、书册、食品和餐具等)都是根据作者创作意图的需要,经过认真的选择、精心地摆布和安排的,物体的形象和色调关系在画中都能得到较好的表现,能体现出物象的神韵与美感。

4. 动物画

动物画是以各种动物为描绘对象的绘画的总称。动物画以动物形象作为艺术语言,借以表达人的愿望、幻想和各种思想感情。它的题材很广泛,凡动物均可入画,其主要对象为人们常见的家禽、家畜和动物园中的各种动物。动物画不要求惟妙惟肖,允许夸张与变形;但要有个性,要能引起观众对生活美的联想。

三、绘画的基本表现手段

绘画艺术是指在平面上描绘物象、制造空间感,展示现实生活与想象世界的事物与景象,传达人的思想感情的视觉艺术。其基本表现手段是运用线条、色彩、明暗、透视、构图等绘画语言描绘物象,借以传达人的思想和感情等。

(一) 线条

线条是绘画时勾勒轮廓的线,有曲线、直线、折线,有粗线、细线,统称"线条"。线条是绘画的主要表现手段之一,线条美是构成绘画形式美的一个重要因素。

图 5-3-2 段简壁墓《三仕女图》

相对于西洋画来讲,中国画更重视线条的使用,画中的线条大都不是物象所原有的,是画家用以表示物象的界限的。例如,描一条蛋形线表示人的脸孔。人脸孔的周围本来就没有此线,而借助此线可以表示脸与背景的界线。又如山水、花卉等,实物上原本也都没有线,是画家借来造型描像用的。出土于唐昭陵陪葬墓段简壁墓的《三仕女图》(图 5-3-2),从人物的相貌描写,到服饰的质感表现等,都大量使用了线条作为表现手段。

线条是塑造形体的外轮廓线和标明形体内部结构的结构线,在造型中具有很重要的作用。运用丰富多样、生动变化的线条语言描绘表现对象,使绘画具有特殊美感。

（二）色彩

色彩是最具有感染力的绘画语言，一幅成功的绘画作品，不论其是水彩画、水粉画，还是油画、板画，都要具有色彩美。缺乏色彩美的绘画，很难取得生动感人的艺术效果。

因为现实存在的色彩本来就能影响人的心境和唤起人的联想等，所以色彩的运用可以增强绘画对人的情感反应的驱动性。

中国的山水画，由于用色的不同而分为青绿、金碧、没骨、浅绛、水墨等不同的种类，各具不同的色彩美。即使是"水墨画"，同样也具有色彩美。关于这一点，唐代张彦远在《历代名画记》中说："运墨而五色具。"所谓"五色"，就是指作画时，用水调节墨色的浓、淡、干、湿、黑，使墨色富于变化。清代唐岱在《绘事发微》中论道："墨色之中，分为六彩。何为六彩？黑、白、干、湿、浓、淡是也。"墨有六彩，才能生动地表现物象。水墨画正是在用笔的基础上，充分发挥墨法的功能，使墨色互为渗透掩映，取得"水晕墨章""滋润鲜活""如兼五彩"的艺术效果。

相对于中国画而言，西洋画在色彩的运用方面更具活力。如西方的油画，颜色笔笔衔接，铺满画面；层层积色，构成灿烂、艳丽或凝重浑厚的色彩效果。

（三）构图

构图是根据题材和主题表现的要求，把要表现的形象适当地组织起来，构成一个协调完整的画面。构图是绘画的基础，构图的成功与否，直接决定着绘画的成败。一般来讲，绘画构图应该满足以下几点要求。

1. 宾主关系明确，位置安排得当

绘画作品中的艺术形象的主次，谓之宾主。例如，在人物画中，以人物为主，环境为宾。绘画构图的第一原则是不能喧宾夺主；在肖像画中，不能将服饰画得比五官还引人注目。构图时，首先要明确主要形象，并以主要形象为视觉中心布局画面，以使内容主次分明，一目了然。另外，构图中心不是指画的中央，而是观众视觉的焦点。

2. 构图结构形式与内容的统一

构图结构形式，一是指画幅形状，二是指画中形象组织布局的形式。组织布局的形式，即通常所说的 S 形、三角形等基本结构形式。构图结构形式的选择，力求与内容统一。

3. 色彩与表现内容的统一

色彩是最富有表现力的艺术语言，它能直接引起人的情感反应，使人不知不觉地进入联想，从而对绘画内容进行深刻理解。因此，在构图时，要充分考虑不同色彩对人的情绪和情感的影响,注意色彩与表现内容的统一。

4. 构图要符合形式美的法则

绘画构图要遵循变化、统一、对比、协调、均衡、稳定、节奏、韵律等形式美的法则。

(四) 明暗

明暗是指画中物体受光、背光部分的明暗变化,以及对这种变化的表现方法。物体在光线照射下出现两种明暗状态,即亮面和暗面。两大部分光色明暗一般又显现为五个基本层次:一是亮面,即直接受光部分;二是灰面,即中间面,半明半暗;三是明暗交界线,即亮部与暗部转折交界的地方;四是投影,即背光物体的阴影部分;五是反光,即暗面受周围反光的影响而产生的暗中透亮部分。依照明暗层次来描绘物象,一直是西方绘画的基本方法。

明暗是自然界的物理现象——由于光线总是从一个不同的角度照射物体,物体各个侧面受光的不均匀性造成明暗变化,这样的明暗变化使物体呈现出立体感。绘画正是利用这一原理,通过明暗层次的处理来表现物象的空间感。

四、中国十大传世名画

看微课

中国十大传
世名画

中国绘画的历史可追溯到新石器时代早期的岩画和仰韶文化时期的彩陶绘画。由于历史悠久,且发展一直比较平稳,中国画的成就较高,流传下来的作品也很多。限于篇幅,我们仅就"十大传世名画"简介如下。

1. 东晋·顾恺之《洛神赋图》

《洛神赋图》是顾恺之根据曹植的《洛神赋》创作的作品。此作所画物象突破了时空限制,画上的神兽为超现实的事物,画作富有浪漫主义色彩。这幅作品充分表现了中国画取材和构思的特点。

2. 唐代·阎立本《步辇图》

《步辇图》是唐代画家阎立本的一件作品。此作线条流畅自然,设色层次清晰,人物布局对照鲜明,关系清楚。从思想性来看,此作描绘的是唐太宗李世民接见吐蕃(今西藏)使臣禄东赞的情景,取材于吐蕃王松赞干布迎娶文成公主入藏的故事,是汉藏兄弟民族长期友好的历史见证。

3. 唐代·张萱、周昉《唐宫仕女图》

唐代的仕女画以线条和色彩为主要表现手段,通过衣饰的描绘表现女性之美,奠定了中国人物画雅中见美的整体风格。唐代仕女画最杰出的代表是张萱的《虢国夫人游春图》《捣练图》和周昉的《簪花仕女图》。

4. 唐代·韩滉《五牛图》

唐代画家韩滉的《五牛图》是中国花鸟画的典范之作。画中五牛,或俯首,或昂头,或行或驻,情态十分生动。从表现技法上看,作者不仅以简洁的线条勾勒出牛的主体轮廓,而且使用线条表现骨骼结构和皮毛质感等,栩栩如生。与此同时,作者还通过眼部的精描细化来凸显五头牛不同的性格,生动传神。

5. 五代·顾闳中《韩熙载夜宴图》

五代画家顾闳中的《韩熙载夜宴图》以长卷的形式描绘了南唐官宦韩熙载家宴享乐的场景。整幅画由听乐、观舞、休息、清吹及宴散五个部分组成。画作线条流畅,工细灵动,富于表现力;设色内容丰富,层次感很强;人物情态富于变化,生活气息十分浓厚。

6. 北宋·王希孟《千里江山图》

《千里江山图》以长卷形式描绘了群山、冈峦、江河、湖水等,于山岭、坡岸、水际中,布置和点缀亭台楼阁、茅居村舍、水磨长桥及捕鱼、驶船、行旅、飞鸟等。作品景象丰富,描绘精细;构图疏密和谐,设色于青绿中间取赭色,匀净雅和、清新自然;场景壮阔,意境高远,突出表现了中国山水画清、新、静、美的特点。

7. 北宋·张择端《清明上河图》

北宋张择端的《清明上河图》充分发挥了中国画构图的自由性,将众多的人物和繁杂的景物和谐地布置于画面中,显示了中国画极强的表现力。画中人物500多个,置身于各种活动中,构图疏密有致,笔墨章法十分和谐。

8. 元代·黄公望《富春山居图》

元代黄公望的《富春山居图》描绘的是富春江一带秋天的景象、画中有起伏的峰峦、苍劲的树木、群山环抱的村落、顺水漂流的渔舟等,画面内容丰富、意境清新高远,突出地表现了中国画表现情志和寄托精神的特点。此作用笔简洁、厚朴纯粹、干净,一派自然天真之象。

9. 明代·仇英《汉宫春晓图》

明代仇英的《汉宫春晓图》,画作内容是中国人物画的传统题材,主要描绘的是宫中嫔妃生活。此图充分利用了线条和色彩的表现力,勾勒秀劲、设色妍雅,人物姿态富于变化,衣着颜色搭配和谐,充分显示了中国人物画秀雅、善美的特点。

10. 清代·郎世宁《百骏图》

郎世宁的《百骏图》(绢本)现藏于台北故宫博物院,描绘的是百匹骏马放牧游息的场面。作品综合了中西绘画的表现手法,线条流畅细腻,色彩浓丽、丰富,画面上形象的姿态、疏密等富于变化,整幅作品章法和美。

第四节　雕塑之美

雕塑是指运用可塑性、可雕性的物质材料,如玉、石、木、金属、粘土等,通过雕、刻、塑、铸、焊等手段制作的反映社会生活,表现理想、愿望、精神寄托等主题的一种可视、可触、静态和立体的造型艺术。

一、雕塑艺术的特点

雕塑艺术是在三维空间内通过形体塑造来表达思想、抒发感情、表现审美意趣的一种艺术形式。与其他门类的艺术形式相比,雕塑艺术具有以下几个特点。

(一) 以形体为基本表现形式

雕塑作品的思想内涵、审美意趣都是通过一定的形体来表现的,以形体为基本表现形式是雕塑艺术的最大特点。正是因为以形体为基础,雕塑作品长于表现事物的外形特征,易于做到形神兼备,并且容易在视觉上给人们以强烈的"冲击力",把人们的目光吸引过来,使其有意无意地成为欣赏者。与此同时,形体本身的直观性又决定了雕塑艺术易于为大多数人所感知和欣赏,这就决定了它是一种大众性的艺术形式。

以形体为基本表现形式决定了雕塑的简洁性和概括性,短于叙事而宜于抒情,因此,雕塑作品常常用于表现精神寄托、信仰、崇拜以及审美意趣等。

(二) 表现手段的单一性和形象的单纯性

舞蹈艺术不仅有形体动作,而且有音乐、灯光的配合。绘画不仅可以借助于形象和色彩,而且可以借助于概括主题的标题和题画诗等。相对于这些艺术形式来讲,雕塑的表现手段比较单一,它只能依靠单纯的事物形体来反映其精神品质、揭示其思想内涵。这一特点决定了雕塑作品本身必须具有高度的概括性,力求在直观的基础上有所凸显或暗示,如西汉霍去病墓前的大型雕塑《马踏匈奴》这件石雕作品,通过已被踏在马下仍左手持弓、右手执箭的细节刻画,旨在暗示这一匈奴败将的垂死挣扎。

(三) 象征性和寓意性

因为雕塑艺术是借助于事物的形体来抒发情感、表达思想和表现生活意趣的,因而不可能像绘画那样进行细致和复杂的描绘,只能凭借单纯的形象触发和唤起人们的想象与联想,使人们通过想象和联想把握其思想内涵,这就决定了雕塑作品的象征性和寓意性。如中国古代雕塑中的龙、凤、龟、狮、麒麟等形象,都有其象征意义。

雕塑艺术的象征性和寓意性常常与人们普遍的思想观念、审美意趣和知识经验联系起来,使人们很容易看到其内在的思想或所表现的精神。如中外人体雕塑作品非常注重人物姿态、表情、局部特征的雕琢,这是由人们普遍的审美观念所决定的。雕塑作品的象征意义与寓意常常隐含于与形象紧密联系的幕后故事之中。例如,当我们看到鲁迅雕塑的时候,自然而然地会想到他为民族的前途与命运呐喊与鼓呼的事迹,继而从这一雕像本身看到其所象征的与邪恶势力不屈不挠的斗争精神。

(四) 体量美与视觉冲击力

雕塑作品的体量美包括两层含义:一是指大型单体雕塑作品以其形体的高大给人庄严、雄壮、厚重等美感,二是指群雕作品以其数量和规模给人壮观、恢弘、博大等印象。例如,开凿历时约 90 年,依山雕琢而成的四川《乐山大佛》(图 5-4-1),通高 71 米,头高 14.7 米,头宽 10 米,发髻 1021 个,耳长 7 米,鼻长 5.6 米,眉长 5.6 米,嘴巴和眼长 3.3 米,颈高 3 米,肩宽 24 米,手指长 8.3 米,从膝盖到脚背长 28 米,脚背宽 8.5 米,脚面可围坐百人以上。头与山齐,足踏大江,

看微课

汉兵马俑

图 5-4-1 乐山大佛

图 5-4-2　汉兵马俑

双手抚膝,临江危坐,给人以庄严雄壮之美,是中国最大的一尊摩崖石刻造像。现陈列于陕西咸阳历史博物馆的《汉兵马俑》(图5-4-2)以其千姿百态、栩栩如生、数量众多给人以场面宏大、气势壮观的体量美。雕塑作品的体量美首先体现为强烈的视觉冲击力,继而转化为一种心灵震撼力,使人获得强烈的审美快感。

二、雕塑艺术的种类

根据不同的分类标准来划分,雕塑可以分为很多种。其常用的分类标准及分类结果如下。

(1)按雕塑作品所用的制作材料来划分,可分为石刻、木雕、泥塑、陶塑、金属雕塑、玻璃钢雕塑等;在雕塑上施以粉彩叫彩雕或彩塑。

(2)雕塑按其形态来分,可分为圆雕、浮雕和透雕(镂空雕)三种。圆雕是不依附背景的、完全立体的、可从四面观赏的一种雕塑。浮雕是只有一个观赏面的雕塑形式。它是指有一块底板为依托,占有一定空间的、被压缩的实体所构成的雕塑个体或群体。透雕是在浮雕基础上镂空背景部分的雕塑形式。

(3)雕塑按放置环境和用途来分,可分为城市雕塑、园林雕塑、室内架上雕塑、案头雕塑等。

看微课

中国古代泥塑和木刻

三、中国古代雕塑艺术览胜

中国古代雕塑不论是精品数量,还是艺术质量,在世界雕塑史上都是独占鳌头的。例如,我国秦汉时期的陶塑、汉唐时期的石刻、魏晋至隋唐时期的佛教造像,堪称人类雕塑艺术典范者难以数计。在此,分类举例如下。

（一）陶塑

从现有的实物证据来看，自 8 000 年前的新石器时代到商周时期，在长达 4 000 多年的时间里，我国的陶塑艺术一直处于平稳发展的状态。在这一漫长的过程中，雕塑技术不断发展，经验不断积累，雕塑创作思想逐渐形成和完善。秦汉时期，中国的陶塑艺术发生了腾飞，产生了令世界震惊的巨大成就。

1974 年，考古工作者在陕西临潼秦始皇陵园东 1.5 千米处发现秦始皇陵从葬兵马俑坑三处，从中出土陶俑 8 000 多件。这些陶俑与真人大小相同，每个个体面相、表情、发式、衣着等均不相同，集中排列在一起，气势宏大，被誉为"世界第八大奇迹"。图 5-4-3 所示为秦兵马俑一号坑的一角。

看微课
中国古代陶塑

图 5-4-3　秦兵马俑一号坑一角

《秦兵马俑》为大型陶塑俑，用陶泥塑造后烧制而成，有的先烧后接，有的先接再烧，烧成后着以彩绘。《秦兵马俑》刚出土时局部还保留着鲜艳的颜色，但出土后由于被氧化，颜色消失，现在能看到的只是残留的彩绘痕迹。《秦兵马俑》的车兵、步兵、骑兵列成各种阵势，整体风格浑厚、健美、洗练。仔细观察，俑的脸型、发型、面部表情、神态均有差异（图 5-4-4）；陶马有的双耳竖立，有的张嘴嘶鸣，有的闭嘴静立。

《秦兵马俑》是写实性的雕塑作品。以写实手法制作的兵马俑脸型、胖瘦、表情、眉毛、眼睛和年龄均有差异。纵观这千百个将士俑，其雕塑艺术水平达到了完美的高度。无论是千百个形神兼备的官兵形象，还是那一匹匹跃跃欲

图 5-4-4　秦兵马俑发式、脸型、眼睛、眉毛、面部表情等均不相同

试的战马,都不是机械的模仿,而是着力显现它们"内在的生气、动力、情感、灵魂、风骨和精神。"绝大部分陶俑形象都富有个性特征,显得逼真,自然而富有生气。能够将几千件作品雕刻得互有差异,个性特征十分突出,确是人类雕塑史上的奇迹。

看微课

中国古代
石刻

（二）石刻

　　中国的石刻艺术产生于大约距今 8 000 年前,到西汉时期发展成熟,唐代是其黄金时代。汉唐时期是中国石刻艺术发展迅速、成就很大的一个时期,这一时期不仅产生了《马踏匈奴》和《昭陵六骏》等世界名作,而且产生了一大批足以代表同期世界石刻艺术水平的佳作。

1. 马踏匈奴

图 5-4-5　马踏匈奴

　　《马踏匈奴》(图 5-4-5)是霍去病墓前石雕作品中最著名的一件,高 1.68 米,长 1.90 米。这件作品的主体造型是一匹矫健的战马踏着一个仰面倒在地上做垂死挣扎的匈奴人。这件写实性的作品具有高度的概括力和大胆的想象力,笔法质朴,意在整体,美在细节。

　　《马踏匈奴》这件作品运用了寓意的手法,用一匹气宇轩昂、傲然屹立的战马来象征霍去病这位年轻的将军。马以胜利者的姿态伫立着,有一种神圣不可侵犯的气势,使人们感到威严、雄劲。

2. 昭陵六骏

　　《昭陵六骏》石刻雕塑的是唐太宗李世民曾经乘骑的六匹战马。它们既象征唐太宗所经历的最主要的六大战役,同时也彰显了他在唐王朝创建过程中立下的赫赫战功。六匹骏马的名称:一是"飒露紫"(图 5-4-6),二是"拳毛𬳶"(guā)(图 5-4-7),三是"青骓"(zhuī)(图 5-4-8),四是"什伐赤"(图 5-4-9),五是"特勒骠"(图 5-4-10),六是"白蹄乌"(图 5-4-11)。石刻所表现的六匹骏

图 5-4-6　飒露紫（复制品）

图 5-4-7　拳毛騧（复制品）

图 5-4-8　青骓

图 5-4-9　什伐赤

图 5-4-10　特勒骠

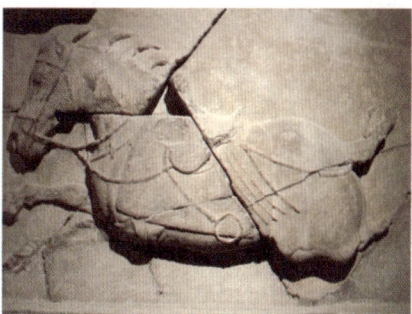

图 5-4-11　白蹄乌

马三匹作奔驰状，三匹为站立状。六匹骏马均为三花马鬃，束尾，这是唐代战马的特征，其鞍、鞯、镫、缰绳等，都逼真地再现了唐代战马的装饰。

六骏石刻具有很高的艺术成就，简洁明快的造型，圆熟、浑厚的手法，栩栩如生地突出了马的性格和六骏在战阵中的不同遭遇，同时表现了初唐写实性强的艺术风格。六骏中的"飒露紫""拳毛騧"在 1914 年被美国人弄走，现藏于美国费城宾夕法尼亚大学博物馆。其余四骏在 1918 年即将被盗运时因当地人阻止未遂，先存放于陕西省图书馆，后移至西安碑林，现藏于西安碑林博物馆。

看微课

中国古代牙雕和玉雕

(三）金属雕塑

看微课

中国古代金
属雕塑

在金属雕塑的发展历程中，有三大亮点值得关注，一是商周时期的青铜器，二是汉代的铜制生活器物，三是唐代的金银器。在此仅举以下两例。

现藏于陕西历史博物馆的西周《牛尊》（图5-4-12），于1967年在陕西岐山县贺家村出土，通高24厘米，长38厘米，腹深10.7厘米。整体作牛形，身体浑圆，头作前伸状，背有方盖，上立一虎，牛尊造型简洁，装饰典雅华美。

现藏于宝鸡青铜博物馆的西周晚期《象尊》（图5-4-13）整体作大象造型，上扬的鼻为中空的流口，背部设方形器盖，眼耳均作艺术处理。整个器物造型写实、简约，纹饰朴实、华美。

图5-4-12　西周《牛尊》

图5-4-13　西周晚期《象尊》

四、外国雕塑名作

看微课

外国雕塑
名作

外国雕塑作品多以人物为表现对象，产生了大量的人物雕塑精品。这些人体雕塑，以人的健康、活力和形体美为内容，或表现男性的阳刚、雄健，或表现女性的柔媚、娇美，显示着恒久的艺术魅力。现举例如下。

1.《维纳斯》雕像

《维纳斯》雕像（图5-4-14）现存于巴黎的卢浮宫，是世界上著名的雕塑艺术珍品，一直被认为是迄今发现的希腊女性雕像中最美的一尊。

作为爱与美的化身，《维纳斯》雕像集真、善、美于一身，圣洁而崇高。她上半身裸露，显示了人体的自然美与生命的活力，下半身被富有表现力的衣褶所覆盖，既托出了上身的秀美，又显示了她人格的优雅与尊贵。从整体上看，这尊雕像丰满而圣洁、柔媚而单纯、优雅而高贵。她肌肤丰腴，焕发着青春活力；从面部表情看，她是那样的平静，没半点娇艳或羞怯，只有纯洁与典雅；她的嘴角上略带笑容，却含而不露，给人以矜持而富有智慧的感觉；她的身姿既亭亭玉立，微妙动人，又展示了曲线美的魅力。尤其令人惊奇的是她的双臂虽已残断,但那雕刻得栩栩如生的身躯,仍然让人感到完美无缺。

从表现手法上讲,这尊雕像没有刻意追求笔法的细腻,而是采用了简洁概括的艺术手法,通过自然的真实外貌,表现出了生命的活力、青春美和人物内心深处的美德。整尊雕像蕴藏着无穷无尽的变化,蕴涵着微妙多姿的美,充满了无限诗意,无论从任何角度欣赏,都能发现某种独特的美。

2.《掷铁饼者》雕像

《掷铁饼者》(图 5-4-15)是古希腊著名雕塑家米隆的代表作,作于约公元前 450 年。这尊雕塑表现了人体

图 5-4-14　维纳斯雕像　　　图 5-4-15　掷铁饼者

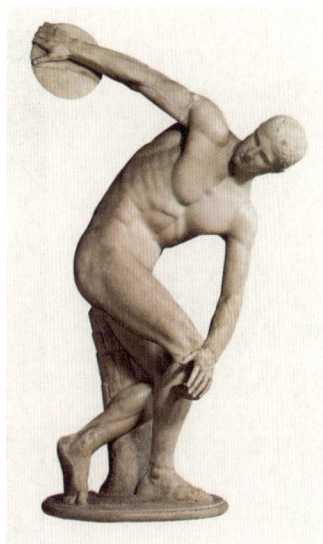

的美和运动所显示的生命力,被誉为“体育运动之神”。原作为青铜,现已失传;大理石石雕复制品高约 152 厘米,罗马国立博物馆、梵蒂冈博物馆、特尔梅博物馆均有收藏。这尊雕像整体构思颇具匠心,审美性十足。复杂的运动状态、强健有力的肌肉、身躯各部分的转折,弯腰扭身,右腿弯曲,左腿拖后点地,紧握铁饼的右手奋力后拉,都达到了力度与紧张度的饱和点。与那紧张的肢体形成鲜明对比的是那从容的面容,表现了掷铁饼者胸有成竹、胜利在望的必胜信心。这座雕像真正称得上“力的赞歌、生命的赞歌、人体美的赞歌”。

3.《思想者》雕像

人体雕塑必须展示人体的美,这一点是无疑的。但更重要的是通过人体形象的塑造,表现出人的精神世界。罗丹的《思想者》(图 5-4-16)就是这方面的典型代表作。

《思想者》是罗丹的代表作,原作为青铜,现收藏于巴黎罗丹美术馆。《思想者》是一个强有力的深思者的巨人形象。那遍身隆起的奔腾着热血的青筋,那毫无遮掩的粗糙、强劲的肌肤,那用拳头支撑的低垂的头,那深沉的目光,构成了一种伟大的痛苦和悲剧的崇高美。这件作品将深刻的精神内涵与完整的人物形象融于一体,体现了罗丹雕塑艺术的基本特征。罗丹的人体雕塑不仅展示人体的刚健之美,而且蕴藏着深刻与永恒的精神。

4.《大卫》雕像

《大卫》雕像(图 5-4-17)是意大利文艺复兴时期著名雕塑家(画家)米开朗基罗的代表作,创作于公元 1501-1504 年,现收藏于佛罗伦萨美术学院。这

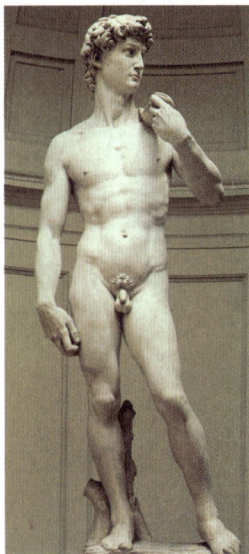

图 5-4-16　思想者　　　　　　图 5-4-17　大卫雕像

尊雕像被认为是西方美术史上最值得夸耀的男性人体雕像之一。像高 2.5 米，连基座高 5.5 米，用整块大理石雕成。

这是一个怒目而视，准备战斗的全裸青年。他昂着头，双眉紧皱，威严的目光逼视着敌人，强有力的臂膀上扛着投石器，下垂的右手握着石块，有着压倒一切敌人的气概，豪迈、粗犷、健美。雕塑家在人物结构上进行了大胆的艺术夸张处理：把头部的比例加大，下肢放长，手和脚的关节都较大，以加强英雄的形象效果，但各部分的解剖结构仍然是精确得无懈可击。

《大卫》雕像的塑造不只是对人体的赞美，而且表现的是人类在改造世界、拯救自身命运中的巨大力量。

第五节　戏剧之美

戏剧是一门综合艺术。它以表演艺术为中心，融合了文学、音乐、舞蹈、美术等多种艺术元素。

戏剧艺术与音乐、舞蹈结合起来，成为歌剧、舞剧或歌舞剧。在歌剧或舞剧中，情节的因素比较简单，以便于更充分地发挥歌唱或舞蹈艺术的特长。

在整个戏剧艺术中，中国戏曲占有特殊地位。它是把戏剧的内容与歌舞的形式高度结合起来的一种特殊的戏剧艺术种类。

一、戏剧的特点

戏剧通过演员的表演展示剧中人物的性格、表现环境和故事的发展过程。演员与观众的距离较近,观众可以直接感知和亲身体验剧中反映的生活。正因为戏剧用活生生的真人形象直接打动观众,所以具有很强的艺术感染力,容易为大众所接受。戏剧的特点主要表现为以下几点。

(一) 综合性

戏剧是由演员扮演角色,运用多种艺术手段,在舞台上现场表演故事的一种综合艺术。它既综合了文学、舞蹈、音乐、美术等多种艺术元素,又借助于各种艺术的和非艺术的手段,如灯光、道具、服装、布景等来美化戏剧场景、制造舞台气氛和增强戏剧效果等。

(二) 表演性

戏剧以演员的表演为主要表现手段,在特定的空间和时间内,通过演员的对话、歌唱或动作等叙述故事或制造戏剧气氛。

(三) 矛盾冲突

戏剧的本质特征在于直接、集中地反映社会生活中的矛盾冲突。矛盾冲突既是情节发展的主要线索,也是刻画人物性格的主要手段。没有冲突,就没有戏剧。例如,中国传统剧目《窦娥冤》就是通过正直、善良、坚强的窦娥,与恶棍、昏官之间的一系列矛盾冲突来展开戏剧情节,塑造窦娥这种人物形象的。

(四) 虚拟性

戏剧要在有限的舞台空间内表现生活场景,不可能照搬或按照原型复制现实生活中的景象,只能采用象征或虚拟的手法来表现。这一点在中国传统戏曲艺术中表现得更加突出。例如,演员拿着桨表示走水路,通过演员虚拟上船和划船的动作,观众便能感觉到剧中人物在划船。

(五) 动作性与对话性

戏剧艺术虽然也要利用其他各种艺术的表现手段和表现方式,但还是以自己特殊的表现方式为主。例如,动作和对话在话剧艺术中居于支配地位,而其他艺术媒介如绘画所用的色彩、线条等都从属于前者,为行动中的、有思想的、特定的人物性格和冲突的再现服务。

二、戏剧的分类

戏剧的种类繁多,可以从不同的角度、依据不同的标准进行分类。常见的分类方法主要有以下四种:

1. 从戏剧冲突的性质和其产生的戏剧美学效果来划分,可以分为悲剧、喜剧、正剧和闹剧。

(1) 悲剧所表现的主要是人们的各种不幸,反映到作品中,通常表现为正面人物的失败或死亡。由社会原因造成的这一结局,称之为社会悲剧;由自身性格原因造成的这一结局,称之为性格悲剧。

(2) 喜剧的特点是善于在描述对象的本质和现象、内容和形式的矛盾中捕捉笑料。笑是喜剧应有的戏剧效果,它让人们在笑声中否定生活中恶的、腐朽的、荒谬的、落后的事物,肯定美好的、新生的、合理的、先进的事物,在笑声中获得教育。喜剧分为讽刺性喜剧和歌颂性喜剧两类。

(3) 正剧是最接近社会现实、最普遍、最主要的一种戏剧样式。它的内容有悲有喜、悲喜结合,一般是反映严肃的社会生活题材。正剧的戏剧冲突是反映社会生活中正面力量与反面力量,或落后势力之间自觉的斗争和冲突,冲突的结果总是以正面力量的胜利或预示着胜利而告终。

(4) 闹剧也是喜剧的一种,特点是专门运用比一般喜剧更为夸张的手法,追求所谓"滑稽"的艺术效果。

2. 从戏剧作品艺术表现形式来分,戏剧可以分为歌剧、舞剧、话剧和戏曲等。

歌剧、舞剧和话剧都是"洋为中用"的艺术表现形式。歌剧以歌唱为主,说白和舞蹈很少;舞剧以音乐作为衬托,靠舞蹈动作表现主题,没有歌曲和说白;话剧以说为主,偶有歌舞,也只是穿插。具有民族特色的戏曲,是我国传统的戏剧形式,它将唱、念、做、打等各种艺术手法并用,实现了歌、舞、剧几个方面的完善和统一,具有极强的艺术感染力。

3. 从剧本的容量和场景设计来分,可分为多幕剧和独幕剧。

4. 按照题材的不同,分为历史剧、现代剧、儿童剧、童话剧等。

三、中国戏曲艺术的特点

中国戏曲艺术既具有人类戏剧的共同特点,又因不同的表现手段而区别于话剧等其他戏剧种类,具有自己的特点。

(一) 讲究唱、念、做、打

唱、念、做、打是戏曲的突出特点。唱功中,行腔转调,发音吐字,都有一定的规矩和要求；做有手、眼、身、法、步，都要经过专门的严格训练；念白分韵白和口白，都要具有音乐性；武打要干净利落，稳妥准确，轻捷灵便。

（二）表演程式化

戏曲表现手段的程式，也是戏曲艺术的重要特点。特别是在古典戏曲中，上下场，唱、念、做、打和音乐伴奏，以及服装、化妆（图 5-5-1）、布景、道具等，都有一定规矩，这就叫做"程式"。如，武打有许多固定的套子，对白有程式，唱腔有板式，舞也有程式。在演一出戏时，如何运用手势、如何运用眼神（图 5-5-2）、身体如何动作、头发如何甩动、步子怎样走，都是有讲究的。连怎样表现人物的喜、怒、忧、思、悲、恐、惊等感情，也全都提炼美化成一套完整程式。程式是戏曲区别于话剧等其他戏剧艺术的主要特点。在现代戏曲中，有些程式已被打破。

图 5-5-1　戏曲化妆

（三）表演和表现的虚拟性

从表演的角度看，在戏曲舞台上，采取上下场的分场方法，可以自由地处理舞台的空间和时间。舞台上的地点和时间随演员的表演而变动，演员离开舞台，地点和时间就不存在了。例如，越剧《十八相送》中梁山伯送祝英台，从书亭到长亭，走了十八里，一路上穿村庄、过小桥，傍井台、进庙堂，眨眼之间场景数变。

从表现的角度看，戏曲舞台上的很多景物和人物动作都是虚拟的，如以鞭代马、持桨当舟等动作，可以使人联想到骑马、行舟等。与此同时，伴随着人物的虚拟动作，观赏者的大脑中会因联想而产生高山、平地、江河、湖海、厅堂、卧室等场景，瞬息之间，厅堂、卧室又可转化为长街、小巷等。

图 5-5-2　身法和眼神

（四）音乐性

相对于话剧而言，戏曲艺术更富有音乐性。戏曲表演要运用唱、念、做、打诸种艺术手段，每一种手段都与音乐有着不可分离的关系。唱，本来就是一种音乐的表演手段。念白虽不是歌唱，却要有音乐性，要求它在声调上有抑扬、有顿挫，节奏上能与歌唱相协调。至于做功、武打，这都属于形体动作，但戏曲舞台上的形体动作不是生活动作的直接模仿，而是具有舞蹈性的表演，它是强烈的、夸张的、富于节奏感的。因此,这种形体动作与音乐紧密地结合在一起,融于音乐的节奏之中。传统戏曲表演要求演员熟悉锣鼓经,即各种锣鼓点子的组合形式,身段动作要与锣鼓经合拍。熟练的演员离开锣鼓的配合会觉得无法动作,情绪无从发挥,就是这个道理。

四、中国戏曲剧种举例

在众多的中国戏曲剧种之中,比较流行和著名的剧种有:京剧、昆曲、越剧、豫剧、粤剧、秦腔、川剧、评剧、晋剧、汉剧、潮剧、闽剧、河北梆子、湘剧、黄梅戏、湖南花鼓戏等50多个剧种,尤以京剧流行最广。下面重点介绍几种:

(一) 京剧

京剧是在徽调和汉戏的基础上,吸收了昆曲、秦腔等一些戏曲剧种的优点和特长逐渐演变而形成的一个剧种。

京剧音乐属于板腔体,主要唱腔有二黄、西皮两个系统,所以京剧也称"皮黄"。京剧常用唱腔还有南梆子、四平调、高拨子和吹腔。京剧的传统剧目在1 000个左右,常演的有三四百个,其中除来自徽戏、汉戏、昆曲与秦腔者外,也有相当数量是京剧艺人和民间作家陆续编写出来的。京剧较擅长表现历史题材,故事大多取自历史演义和小说话本,既有整本的大戏,也有大量的折子戏,此外还有一些连台本戏。

京剧角色的行当划分比较严格,早期分为生、旦、净、末、丑、武行、流行(龙套)七行,以后归为生、旦、净、丑四大行,每一种行当内又有细致划分。"生"是除了大花脸以及丑角以外的男性角色的统称,又分老生(须生)、小生、武生、娃娃生。"旦"是女性角色的统称,内部又分为正旦、花旦、闺门旦、武旦、老旦、彩旦(摇旦)。"净",俗称花脸,大多是扮演性格、品质或相貌上有些特异的男性人物,化妆用脸谱,音色洪亮,风格粗犷。"净"又分为以唱功为主的大花脸,如包拯;以做功为主的二花脸,如曹操。"丑",扮演喜剧角色的演员,因在鼻梁上抹一小块白粉,又称"小花脸"。

京剧脸谱是具有民族特色的一种特殊的戏曲化妆方法。由于每个历史人物或某一种类型的人物都有一种大概的谱式,就像唱歌、奏乐都要按照乐谱一样,所以称为"脸谱"。它是根据人物身份和性格的不同而分别采用不同的颜色。红色的脸谱表示忠良勇士义烈,如关羽、姜维、常遇春等;黑色的脸谱表示刚烈、正直、勇猛甚至鲁莽,如包拯、张飞、李逵等;黄色的脸谱表示凶狠残暴,如宇文成都、典韦等;蓝色或绿色的脸谱表示一些粗豪暴躁的人物,如窦尔敦、马武等;白色的脸谱一般表示奸臣、坏人,如曹操、赵高等。现在,京剧脸谱艺术已经成为广大戏曲爱好者非常喜爱的一门艺术,国内外都很流行,已经被大家公认为是中华民族传统文化的标志之一。

（二）昆曲

昆曲早在元末明初之际（14 世纪中叶）即产生于江苏昆山一带，它与起源于浙江的海盐腔、余姚腔和起源于江西的弋阳腔，被称为明代四大声腔，同属南戏系统，是我国古老的戏曲声腔、剧种之一，原名"昆山腔"或简称"昆腔"，清朝以来被称为"昆曲"，现又被称为"昆剧"。

昆曲的伴奏乐器，以曲笛为主，辅以笙、箫、唢呐、三弦、琵琶等。昆曲的表演有它独特的体系、风格，最大的特点是抒情性强、动作细腻，歌唱与舞蹈的身段结合得巧妙而和谐。

该剧种于 2001 年 5 月 18 日被联合国教科文组织命名为"人类口述遗产和非物质遗产代表作"称号。2006 年 5 月 20 日，昆曲经国务院批准列入第一批国家级非物质文化遗产名录。

（三）越剧

越剧是中国五大戏曲（京剧、越剧、黄梅戏、评剧、豫剧）剧种之一，亦有"全国第二大剧种"之称。清末起源于浙江嵊县，即古越国所在地，因此而得名。它由当地民间歌曲发展而成，主要流行于浙江、上海、江苏、福建等地，在海外亦有很高的声誉和广泛的群众基础。

越剧长于抒情，以唱为主，声腔清悠婉丽，优美动听，表演真切动人，极具江南地方色彩。越剧演员最初由男班演出，后改女班或男女混合班，现多由女班来演。

2006 年 5 月 20 日，经国务院批准，越剧列入第一批国家级非物质文化遗产名录。

（四）豫剧

豫剧，也称"河南梆子""河南高调"。因早期演员用本嗓演唱，起腔与收腔时用假声翻高尾音带"讴"，又叫"河南讴"。在豫西山区演出多依山平土为台，当地称为"靠山吼"。因为河南省简称"豫"，所以新中国成立后定名为"豫剧"，是河南省的主要剧种之一。

豫剧一向以唱见长，在剧情的节骨眼上都安排有大板唱腔，唱腔流畅、节奏鲜明、极具口语化，一般吐字清晰、行腔酣畅、易为听众听清，显示出特有的艺术魅力。

（五）黄梅戏

黄梅戏，旧称"黄梅调"或"采茶戏"，是中国的五大剧种之一。黄梅戏发源

看微课

黄梅戏

于湖北、安徽、江西三省交界处的农村，与鄂东和赣东北的采茶戏同出一源，其最初形式是湖北黄梅一带的采茶歌。清道光前后，产生和流传于皖、鄂、赣三省间的黄梅采茶调、江西调、桐城调、凤阳歌，受戏曲青阳腔、徽调的影响，与莲湘、高跷、旱船等民间艺术相结合，逐渐形成了一些小戏。经过一段时间的发展，又在吸收罗汉桩、青阳腔、徽调的演出内容和表演形式的基础上，产生了故事完整的本戏。

黄梅戏唱腔委婉清新，分花腔和平词两大类。花腔以演小戏为主，富有浓厚的生活气息和民歌风味，多用"衬词"，如"呼舍""喂却"之类。著名曲目有"夫妻观灯""蓝桥会""打猪草"等。平词是正本戏中最主要的唱腔，常用于大段叙述、抒情，听起来委婉悠扬，著名曲目有"梁祝""天仙配"等。现代黄梅戏在音乐方面增强了"平词"类唱腔的表现力，常用于大段抒情、叙事，是正本戏的主要唱腔；突破了某些"花腔"专戏专用的限制，吸收民歌和其他音乐成分，创造了与传统唱腔相协调的新腔。黄梅戏以高胡为主要伴奏乐器，加以其他民族乐器和锣鼓配合，适合于表现多种题材的剧目。

第六节　影视之美

影视艺术是所有艺术门类中最年轻、最具活力的一门艺术，它运用现代科技手段将各种艺术元素有机地组织起来，表现更为丰富的生活内容，具有更加强大的思想影响力和情绪感染力。今天，影视艺术已经成为人们日常生活的精神快餐，是人们平时接触最多的一种艺术。

一、影视的艺术特点

影视艺术融合了文学、音乐、美术、表演等多种艺术元素，以现代科技手段为技术支撑，具有极其丰富的表现力和强大的艺术感染力，其内容又与人们的生活距离最近，因此，深受人们所喜爱。影视艺术的特点有如下几点。

（一）综合性

看微课

影视艺术的综合性

影视艺术是利用现代高科技手段将多种传统艺术元素进行有效整合而形成的一种新的综合性的艺术形式。其中不仅包含着文学、戏剧、绘画、音乐、舞蹈、建筑等多种传统艺术元素，而且集纳了摄影、化妆、服饰、装潢、置景、空间设计等各种实用艺术元素，是视听综合、时空综合和媒介综合的产物。

从表现手段来看，影视艺术综合运用了声、光、电、化学等各种科技手段来丰富自己的表现力，如利用化学技术制作烟火效果表现战争场面。从一定意义上讲,科学技术的快速发展,直接推动了影视艺术的发展。今天影视剧中的快镜头、慢镜头、特技、超动感设计等,比真实的生活现象更具艺术魅力。这些都要仰仗现代科技的支撑。

从内容方面看,影视艺术的笔触可以伸向无穷的空间,并且具有无与伦比的题材统摄能力。杂技、体育、武术、魔术、军事、刑侦、科幻、心理等各种题材都可以在影视作品中得到真实、生动、细腻的表现。

(二) 视听性

影视艺术是一种以视觉造型为主的视听综合艺术。相对于文学、音乐这两种具有时间性、想象性的艺术而言,影视艺术主要是空间性、具象性的视觉艺术,影视作品的一切思想内涵都是通过视觉影像表现出来的。

看微课

影视艺术的
视听性

影视艺术的视觉美,不仅来自于自然与生活本来就具有的审美因素,而且还在于利用光线、色彩、影像等对自然美的提炼、凸现与升华。另一方面,因为人的感官一生所接收的外界信息总量80%以上来自视觉,并且人的审美体验活动主要依靠视觉。因此,影视艺术就自然而然地成为人们最喜爱的一种艺术形式。

(三) 逼真性

影视艺术对生活进行反映所采用的摄影技术,能够逼真地记录和再现客观世界的本来面貌,甚至可以达到对声音和色彩细节的完美再现。因此,影视艺术具有其他任何艺术无法企及的逼真性。在所有的艺术形象中,影视艺术形象最真实、最具直观性、最易为人们所感知和理解,因而也最富有艺术魅力。

真实地反映生活,是一切艺术都必须坚持的原则。在众多的艺术形式中,影视是最能逼真地反映生活本来面目的一种。影视艺术的基本表现形态,是由活动的、绘声绘色的画面组接而成的影像,和其他艺术相比,影像更接近于社会生活的原本状态,因此,影视艺术更能逼真地反映生活。

二、影视的基本表现手段

影视艺术既是一门综合艺术,也是一种大众艺术。它以人们易于感知和理解的画面作为主要表现形式,以意义明确的文学语言作为思想载体,以音乐增强感染力,以故事情节和矛盾冲突引人入胜,采用蒙太奇手法将一个个镜头组合在一起,从而达到思想表现的目的。

看微课

场景与镜头

场景与镜头

这里所讲的场景是指影视作品中的各种场面,场景一般由人物活动和背景等元素构成。影视剧中的场景一般分为五种:远景、全景、中景、近景和特写。

1. 远景

远景是指表现远距离景物和人物的一种画面,分为远景和大远景两种。远景画面(图5-6-1)可使观众看到广阔深远的景象,以展示人物活动的空间背景或环境气氛,还宜于表现规模浩大的人物活动,如炮火连天、硝烟弥漫的战场,人如潮涌的游行示威,千军万马的对阵厮杀等。

大远景(图5-6-2)比远景视距更远,适于展现更加辽阔深远的背景和浩渺苍茫的自然景色。这类镜头,或者没有人物,或者人物只占很小的位置,犹如中国的山水画,着重描绘环境的全貌,给人以整体感觉。大远景在影片中主要用以介绍环境、渲染气氛。

远景具有广阔的视野,常用来表现事件发生的时间、环境、规模和气氛,比如表现开阔的自然风景、群众场面、战争场面等。远景画面重在渲染气氛,抒发

图5-6-1　远景

图5-6-2　大远景

情感,而不注重人物的细微动作。远景中的人物有时还做点状处理,所以远景不能用于直接刻画人物,但可以用来表现人物的情绪,因为影视画面是通过画面组接表情达意的,通过承上启下的组接可以含蓄地表达人物的内心情绪。

2. 全景

全景是指被摄主要对象占满整个画面的场景,即表现人的全身或一个场景全貌的画面。全景画面与远景相比,有明显的内容中心和结构主体,重视特定范围内某一具体对象的视觉轮廓形状和视觉中心地位。

全景画面(图5-6-3)能够完整地表现人物的形体动作,既可以通过对人物形体动作的表现来反映人物内心情感和心理状态,也可以通过特定环境和特定场景表现特定人物。人是影视艺术表现的中心,完整地表现人物的形体动作即人物性格、情绪和心理活动的外化形式是全景画面的功用之一。

图5-6-3 全景

全景将被摄主体人物及其所处的环境空间在一个画面中同时进行表现,可以通过典型环境和特定场景表现特定的人物。环境对人物具有说明、解释、烘托、陪衬的作用。

3. 中景

中景是表现人体膝盖以上或场景局部的画面(图5-6-4)。较之全景而言,中景画面中的人物整体形象和环境空间降至次要位置,它更重视具体动作和情节。中景使观众看到人物膝部以上的形体动作和情绪反应,有利于交代人与人、人与物之间的关系。

图 5-6-4　中景

4. 近景

近景是表现人体胸部以上或物体局部的画面(图 5-6-5),是一种近距离观察人物与物体的景别。这种画面能使观众看清人物的面部表情或某种形体动作,有时也摄取景物的某一部分。近景的视距比特写稍远,有些摄取人物腰部以上的镜头,人物上半身活动和面部表情占据画面显著地位,成为主要表现对象。

在影片中,为了强调人物表情和重要动作,常运用近景。近景和特写的作用有相似之处,即视距近,视觉效果鲜明、强烈,可对人物的容貌、神态、衣着、仪表作细致的刻画。

5. 特写

特写(图 5-6-6)是影视中拍摄人的面部、人体的局部、一件物品或物品的一个细部的镜头。特写镜头由于视距短近,取景范围小,画面内容单一、集中、突出,能把所表现的对象从周围环境中凸现出来,因此可以造成强烈和清晰的

图 5-6-5　近景

图 5-6-6　特写

视觉形象,得到强调的效果。

影视中的特写是突出和强调细节的重要手段,它既可通过眼睛的顾盼、眉梢的颤动以及各种细微的动作和情绪的变化,揭示人物的心灵,也可把原来不易看清或容易忽视的细小东西加以突出,赋予生命,或借此刻画人物、烘托气氛等。

三、台词与音乐

台词是指影视剧中各种角色所说的话。台词既是用以展开剧情、刻画人物、表现主题的重要手段,也是影视剧本构成的基本要素。

影视剧的台词具有四个特点:第一,具有动作性,即在有限的表演时间内迅速推开人物的活动,并使之发生尖锐的冲突,以揭示人物的思想、性格、感情。第二,影视台词是性格化的,即根据不同人物的出身、年龄、职业、教养、经历、社会地位以及所处时代等条件,突出人物的语言特征。第三,影视台词比较精练、含蓄,力求用最简洁、最浓缩的词句来表达丰富的内容与深远的意境。第四,影视台词是口语化的,浅显易懂,富于生活气息,并且亲切自然。

影视音乐不是单一的音乐,而是与影视艺术的视觉影像相联系的特殊的音乐集合体。影视音乐主要由主题音乐、背景音乐、叙事性音乐、情绪音乐、节奏气氛音乐以及时空过渡的连续音乐等几个部分构成。影视音乐的片段性、不连续性和非独立性是它区别于其他音乐的重要标志。

影视作品中的音乐,一部分是参与故事情节的有声源音乐,在画面中可以找到发声体,或与故事的叙述内容相吻合;另一部分是非参与故事情节的无声源音乐,主要起渲染情绪、突出主题、刻画人物的作用。

在影视作品中,影视音乐不是自成系统、独立存在的,而是作为一个组成元素,为影片主题、人物、情节的塑造和发展服务的。因此,影视音乐不能以强烈的音响去与画面争夺观众,而应以不引人注目却强有力的方式支持画面,正如美国电影理论家林格伦所说的"最好的电影音乐是听不见的"。

四、情节与矛盾冲突

情节和矛盾冲突是影视作品感人的两个关键因素。情节由一系列能够显示人物与人物之间关系的具体事件构成,它把事件的内在联系展现在观众面前,一般包括开端、发展、高潮、结局四部分。

矛盾冲突,也叫戏剧冲突,既是构成戏剧情境的基础,也是展现人物性格、反映生活本质、揭示作品主题的重要手段。矛盾冲突在作品中的表现方式主要有三种：一是表现为某一人物与其他人物之间的冲突，即外部冲突；二是表现为人物自身的内心冲突，即内部冲突。外部冲突与内部冲突这两种方式，有时各自单独展开，有时则交错在一起，相互作用，互为因果。三是表现为人同自然环境或社会环境之间的冲突。任何一部好的影视作品，其中必定包含着强烈的矛盾冲突，矛盾越尖锐，冲突越激烈，越能吸引人。

五、蒙太奇

看微课

蒙太奇手法

蒙太奇手法是指影视镜头的剪辑和组合方法。一部影视剧的制作过程一般是这样的：先将全部要拍摄的内容分切成一个个相对独立又相互依存的镜头，一个镜头一个镜头地单独拍摄；然后，再根据故事情节等把它们组合成完整的影视片。这种分切与组合方法被称为蒙太奇手法。

蒙太奇手法的运用实际上是利用人们的生活经验、想象与联想在进行创作。当不同时间、不同空间的画面组合在一起的时候，人们凭借生活经验，通过想象与联想的补充，将其在大脑中再创造成一个完整的故事，从而理解其内容，把握其要表现的思想。

蒙太奇手法是影视制作最基本的表现手法，具有丰富的表现力。

第六章 文字美

任何一种文字的产生都是人类智慧的结晶。因为文字与现实中的事物具有对应关系,反映着物理、事理,同时又包含着哲理。因此,文字之美不仅表现在形体上,而且反映在字义中。

以汉字为例,汉字是象形文字,源于事物的具象,形意关系十分密切,可以见形思物,以形知意。凡是用象形法创造的汉字,都能够使人将汉字和它所代表的事物很快联系起来,直接引发人们的想象;用会意法创造的汉字,更多地反映了各种事物间的依存关系,使人们能够据以推知事理、认识社会、人生等。因此,汉字不仅反映了事物的形象,具有形体美的特点,而且反映了事理、包含着哲理等,具有意趣美和思想美等特点。

第一节　形体美

从形体的角度看,因为汉字的创造是通过对事物形体的描摹和对事物特征的再现来完成的,很多汉字的形体实际上是对其所对应的事物形体的高度概括,所以,汉字的形体生动活泼、富于变化,既具有图画美,又富于意趣美。

一、汉字的创造方法

关于汉字的造字方法,许慎在《说文解字》里总结说:"一曰指事:指事者,视而可识,察而可见,'上''下'是也。二曰象形:象形者,画成其物,随体诘诎,'日''月'是也。三曰形声:形声者,以事为名,取譬相成,'江''河'是也。四曰会意:会意者,比类合谊,以见指撝(huī),'武''信'是也。"这四种造字方法完全符合人们的认知规律,十分科学。运用这些方法创造出来的汉字不仅形体构造和形义联系的规律性很强,而且识读十分方便。

象形是最基本的造字法。其方法是用文字的线条或笔画,把字所代表的事物的外形特征清晰地勾画出来,使人一看到"字"就联想到具体的事物。如图 6-1-1 所示,"月"字是一弯新月的形状,"马"字在整体描形的基础上,突出了直竖的马鬃和飘起的马尾,形象特征很明显。象形字来自于图画文字,但是图画的性质已大大减弱,象征性大大增强。

图 6-1-1　甲骨文象形文字与今文对照表

指事的造字方法是以已有的象形字为基础,在一定的位置标以象征性的符号来表示意义的造字法。如在"木"字的上部标示一点造出"末"字,在"木"字的下部标示一点造出"本"字;在"一"的上方标示一点造出"上",在"一"的下方标示一点造出"下",等。

象形和会意能够突出事物的特征,易认易记,但它们不能表达抽象的意思。于是,古人们便发明了会意的造字方法。会意字是由两个或两个以上的独体字组成,将每个独体字的形、义综合起来,构成新造字的形、义。如"人"靠在"木"(树)上是劳作累了后在"休"息,"鸟"儿张"口"是在"鸣"叫,等。

象形、指事和会意造出来的汉字都能够从形体上判断出其基本意思,但不能确定其读音。为了解决这个问题,古人们发明了"形声"的造字方法。形声造字法的出现,使汉字走进了一种全新的境地。用形声法造出来的汉字,不论是辨形、识义,还是析音都十分容易。如"姑、妈、姨、奶、姐、妹"等,站出来一群女人,要凭声"音"的不同确定她们各自的身份。

二、独特的形体构造

就形体的特点而言,汉字是在一个二维平面上构形的。这个二维空间为汉字构件的结合提供了许多区别的因素,除了不同的构件可以组合成不同的汉字以外,相同的构件也可以构成不同的汉字,如"木""林""森"是构件多少的差别造成的,"叶"与"古""杲"(gǎo)与"杳"是构件位置不同造成的,小篆"比""从""北""化"的差别是构件置向不同造成的。这些在二维空间内造成的区别与拼音文字由字母线性排列而结合是不一样的。所以汉字书写灵动自如、形象传神、飘逸潇洒、富有运动感,字的大小、笔画都有一种变化美。

三、汉字形体美的基本表现

汉字的形体美主要从两个方面来看:一是从构字原理来看,象形和会意两种方法创造的汉字,其形体是事物形象的高度概括,具有情态生动的形象美;二是从文化的角度看,方块汉字既体现了中国文化和谐、稳定的思想,又体现了刚健、正直等文化精神。

四、从形体演变看汉字之美

考古发现和出土的大量实物资料以无可辩驳的事实证明:汉字起源于约8 000年前的新石器时代早期,并且从那个时候开始一直延续,不断发展和稳步演变。令人惊叹的是,汉字虽然经过了几千年的发展演变,其象形美的特点始终十分明显。

(一)陶文

近半个世纪以来,我国考古工作者在多个新石器时代的文化遗址中都发现了记事符号。对这些符号进行系统的比对和研究,同时依据文字的性质对其进行衡量之后,最终,以审慎、负责的态度得出结论:大地湾遗址、半坡遗址和姜寨遗址出土的陶器上的刻画符号实际上就是文字。

首先,如图6-1-2、图6-1-3所示,这些符号刻画的位置相同。很显然,刻画者在刻画这些符号时是充分考虑到了识别方便的,这些符号极有可能是器

图 6-1-2　姜寨刻符陶钵

图 6-1-3　姜寨刻符陶片

物制作者的名字,或是器物定制者的代号。不论是哪一种情况,这些符号的记事性是毋庸置疑的,从内涵上符合文字的定义。其二,这类符号是成批出现的,是一个符号系统,从外延上符合"文字是人类用来记录语言的符号系统"这一定义。其三,这些符号笔画工整,点画搭配十分讲究,符号特征突出,文字性质十分明显。

(二) 甲骨文

中国商代和西周早期以龟甲、兽骨为载体的文献是迄今为止所发现的汉语文献的最早形态。刻在甲、骨上的文字早先曾称为契文、甲骨刻辞、卜辞、龟版文、殷墟文字等,现通称甲骨文。

甲骨文的发现以无可辩驳的事实证明:汉字不仅起源很早,而且早在 3 500 年前就已经形成了十分完备的文字系统。因为一个文字系统的形成,有一个十分漫长的过程,甲骨文汉字系统的发现表明,在甲骨文时代以前很久远的时期肯定已有文字。这也给我们提供了参照研究的思路——事实上,在将甲骨文和史前刻符进行认真仔细的比照研究之后,我们更加坚信汉字最晚产生于距今八千年以前。

从现藏于安阳殷墟博物馆的两片甲骨(图 6-1-4、图 6-1-5)所刻文字来看,甲骨文字中的相当一部分和在新石器时代陶器上发现的刻画符号是相同

图 6-1-4　甲骨文

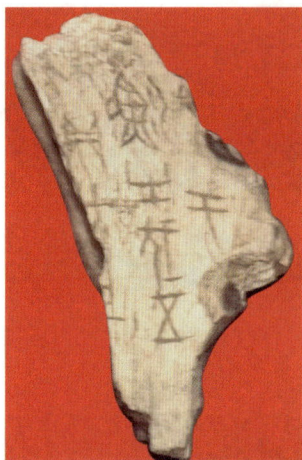

图 6-1-5　甲骨文

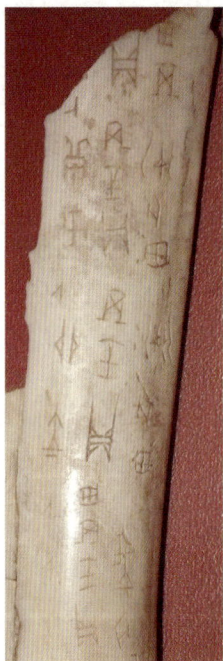

图 6-1-6　甲骨文

的,如图 6-1-4 所示,最中间的一个字和右上角的一个字与陶器上的刻划符号相同。如图 6-1-5 所示,这片甲骨上的文字一半都与已发现的史前刻画符号相同或极度相似。这说明,甲骨文和已发现的史前刻画符号存在着一种延续关系。

如图 6-1-6 所示,从这块甲骨(现藏于安阳殷墟博物馆)上的文字来看,甲骨文用笔线条严整瘦劲,曲直粗细均匀,笔画多方折,已经为汉字"方块"化奠定了基础。从字的结构来看,字形虽大小不一,但比较均衡对称,显示了稳定的格局。而且,这些文字中既有指事字、象形字、会意字,也有形声字。这些文字和现在使用的文字,在外形上虽有巨大的区别,但是从构字方法来看,二者基本上是一致的。也就是说,到甲骨文时期,中国的文字已经十分成熟。

(三) 金文

在距今 3 300 年左右的商代中期,出现了"金文"。金文是指铸刻在青铜器上的铭文。金文是商周文献的主要记录形式。商周是青铜器的时代,青铜器的礼器以鼎为代表,乐器以钟为代表,"钟鼎"是青铜器的代名词。因此,金文也叫钟鼎文。金文应用的年代,上自商代的早期,下至秦灭六国,约 1 200 多年。

与甲骨文相比,金文笔道肥粗、弯笔多、团块多,整齐遒丽、古朴厚重。这一大的变化主要是由书写材料和书写手段决定的。因为甲骨文是用锋利的工具刻在坚硬的骨上的,自然笔画比较匀细。而青铜器铭文是按照墨书的原本先刻出铭文模范,再翻范铸造出来的,所以翻铸的金文一般都能够在相当程度上体现出墨书的笔意。因此,其笔画比较肥厚。

汉字进入金文时代后,形体的演变几乎是裂变式的。商代金文较少,与甲骨文形体比较接近,直线多、圆角少,锋芒外露。运笔上不讲藏锋,起笔与收笔均为尖利,用笔刚健、气势雄浑。这一特点一直延续到西周早期。如商尊内底铭文(图6-1-7),笔画劲健,多为单刀,夹以双刀刻画点线,呈现尖细柔润的清奇风貌。

西周中期,金文趋向成熟,笔画讲究藏锋,结体也注意对称、整齐、虚实、呼应,布局上注意疏密整饬、错落有致。从西周中期一件簋盖上的铭文(图6-1-8)可以看到,西周中期的金文,字的大小趋于统一,笔画匀称,字形已趋于方正。

春秋战国时期,金文的形体、笔画在很多地方开始出现了大的裂变,总的趋向是字体瘦长,笔画均匀飘逸、间隔疏朗、错落有致,风格表现为纤巧飘逸、瘦劲清灵,已显露出汉字今文的形体笔画风格。如图6-1-9所示,是战国时期工师纹铜罍(léi)上的铭文。

图6-1-7　商尊内底铭文　　　　图6-1-8　西周中期簋盖上的铭文　　　图6-1-9　战国时期工师
纹铜罍上的铭文

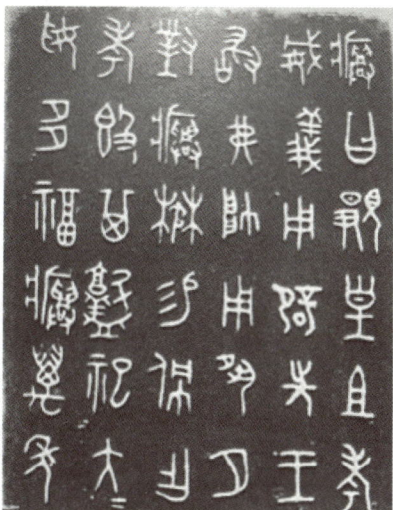

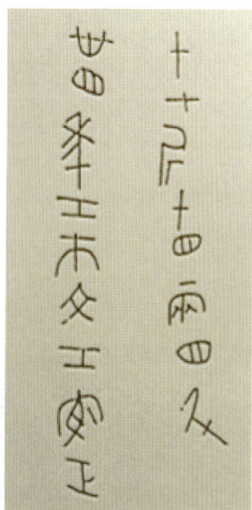

(四) 石鼓文

石鼓文是我国最早的石刻文字,世称"石刻之祖"。现存于故宫博物院的石鼓出土于今陕西省宝鸡市凤翔县,共十只,上面刻有文字。经考证,这些石鼓是秦穆公时代的文物,上面的文字有的已经残缺不全。石鼓文比金文规范、严整,但仍在一定程度上保留了金文的特征,它是从金文向小篆发展的一种过渡性书体。据文献记载,在石鼓文之前,周宣王太史籀曾经对金文进行过改造和整理,著有大篆十五篇,故大篆又称"籀文"。石鼓文是保存比较完整且字数较

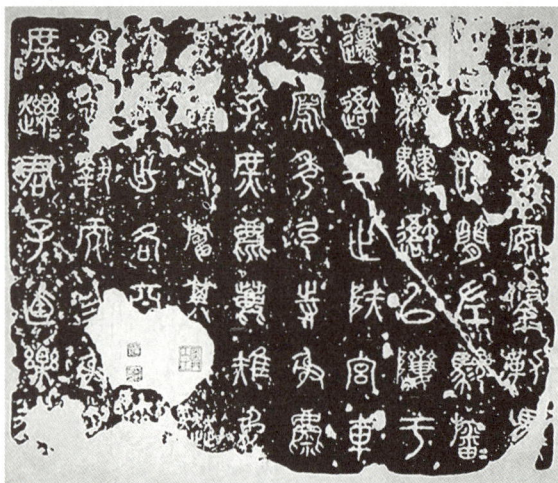

图 6-1-10　石鼓文拓片

多的书迹之一。

从石鼓文拓片(图 6-1-10)上面的文字可以看到,石鼓文上承西周金文,下启秦代小篆,字形方正,落落大方。横竖折笔之处,圆中寓方,转折处竖画内收而下行时逐步向下舒展。用笔起止均为藏锋,圆和浑劲、端庄凝重、笔力稳健。汉字"方块"的特征已经显现出来。

(五) 汉字形体的规范化

汉字从最初起源时期的史前刻符,经甲骨文、金文、石鼓文几个阶段,历时六千年的发展,至秦朝建立时,已经形成了音、形、义十分完备的文字体系,兼具表意与表音文字之长,具有超强的文化承载能力。

在汉字持续稳健发展的同时,由于自春秋以来 500 年的诸侯割据,各地方国自行其政,表现在语言文字方面,出现了"言语异声""文字异形"的混乱现象。文字形体的混乱、笔画多少的随意性,给汉字的识读造成了困难,这一情况的存在不仅影响书面交流,而且严重地阻碍了文化的传播。因此,秦始皇命李斯对文字进行系统的整理,以增强汉字的文化承载力,加强汉字的文化传播力。

图 6-1-11　秦小篆

李斯及其助手们以大篆为基础,对其进行省改、简化,同时吸收民间文字中一些简体、俗字体,加以规范,创制出了小篆(图 6-1-11)。小篆较之大篆,形体笔画均已省简,而字数增加,这顺应了时代发展的要求。最为关键的是小篆的创制,对汉字进行了历史上第一次系统的整理、规范和定型,汉字的轮廓、笔画、结构都固定下来,排除和消灭了大量的各国异体文字,使汉字的识读和记忆更加方便。与此同时,小篆的创制,为汉字的整体"隶变"创造了条件。这样一来,汉字的文化承载力大大增强,传播速度加快,为文化的大发展奠定了坚实的基础。

秦始皇推行"书同文"政策,命令李斯创立小篆后,很快发现了小篆书写速度受限的缺陷,于是便采纳了程邈的建议,将其整理的隶书作为官方文书的使用文字。郭沫若说:"秦始皇改革文字的更大功绩,是在采用了隶书。"(《奴隶

制时代·古代文字之辩正的发展》)

隶书也叫"隶字""古书",是在篆书基础上,为适应书写便捷的需要产生的字体。就小篆加以简化,又把小篆匀圆的线条变成平直方正的笔画,便于书写。隶书的特点是结体扁平、工整、精巧。到东汉时,撇、捺等点画美化为向上挑起,轻重顿挫富有变化,具有一种书法的艺术美。隶书的出现,是汉字形体的又一次大演变。这次演变,使汉字使用的便捷程度大大提高。

汉初,有一个叫王次仲的人在隶字的基础上创立楷书这一新的汉字书体。到唐代时,汉字的楷体结构已十分完善。这时的楷书形体方正,笔画平直,书写比隶书更加方便。至此,汉字在形体上更为成熟。

第二节 内涵美

汉字的创造虽然从对自然的摹仿开始,但也体现了中华民族的智慧和创造才能,融入了中华民族的审美思想等文化元素。与此同时,每一个汉字的产生都是人们对于世界的一种体察、一种感悟、一种思想认知,汉字的创造方法也标志着中国人的思维方式。因此,汉字的内涵十分丰富。

一、汉字创造中的智慧

汉字的产生出于象形,这似乎是件十分简单的事情,其实不然。汉字的象形造字法充分利用了人们以往对事物的认识经验,突出表现事物的个性特征,使人们一看就能够将其与具体事物联系起来。不仅识读极为方便,而且极易引发人们的想象和联想,训练人们的形象思维及创造性的思维能力。仅从这一点上看,汉字的造字法中就包含着大智慧。

事实上,汉字的造字过程运用的不仅仅是形象思维,更多的是形象思维与抽象思维的有机结合。下面以汉字中十个数字的创造过程为例,看看汉字造字过程中所体现的人类智慧。

数字是用来计数的,数字的创造源于对人们计数实践的概括和总结。我们不妨设想一下:在原始社会组织中,已经有了激励机制,谁的贡献大,谁就被推举为小头领。怎样才能准确衡量一个人贡献的大小呢? 最好的办法是依据他对部落成员的物质贡献。比如说,打回一只山鸡,记一分工,用一个鸡腿骨作为实物记录;打回一只猎豹,记四分工,用一颗猎豹的门牙作为实物记录。在这一过程中,鸡腿骨就代表数字一,猎豹门牙代表数字四。在创造汉字中的数字时,人们对这一实践过程进行总结和概括,于是就有了下面的造字过程(图6-2-1至图6-2-4)。

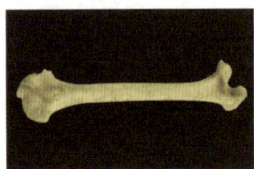

图6-2-1　一的产生过程

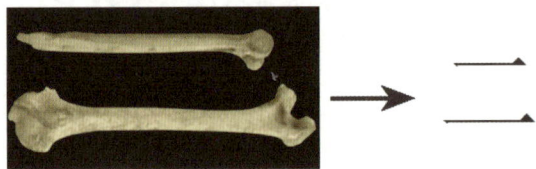

图6-2-2　二的产生过程

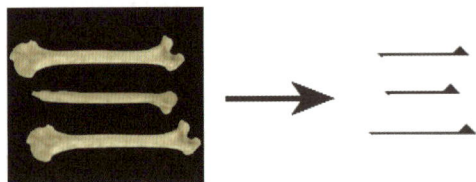

图6-2-3　三的产生过程

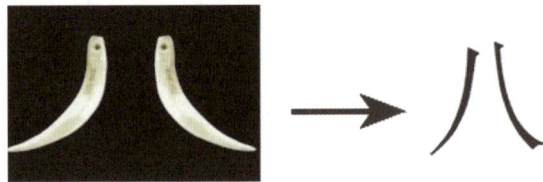

图6-2-4　八的产生过程

　　从图中可以看到，"一、二、三、八"四个数字都是用代表具体数字的实物直接摆出来，然后用写实的办法记录下来的，这是一种实践的总结。方法虽然十分简单，但文化意义非同凡响。

　　汉字"四、五、六、七、九、十"六个数字的产生过程（图6-2-5至图6-2-10），不仅仅是计数实物的简单摆放过程，而且是一个形象思维与抽象思维协同作用的过程。如"四"的创造，不仅对其中的"两骨"进行了较大的变形处理，而且为了规整、美观，大胆地采用了两条平行的线段将另外"两骨"的两端连了起来，这样造出来的"四"字很美观。再如，数字"十"的"一"（横）笔，是由两个表示四个的"牙齿"连接起来后再变形而来的。

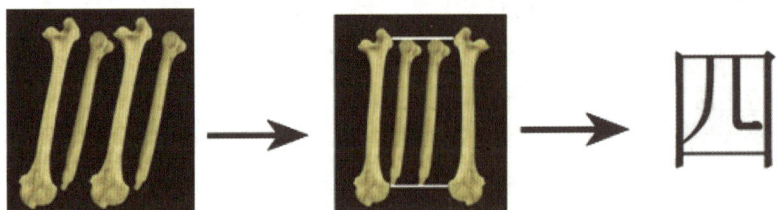

图6-2-5　四的产生过程

图6-2-6　五的产生过程

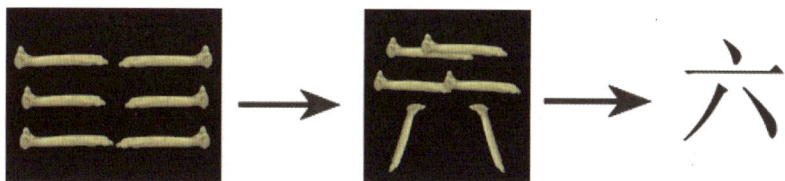

图 6-2-7　六的产生过程

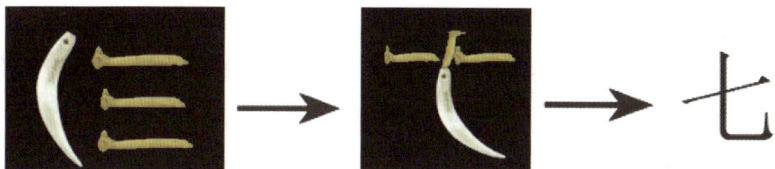

图 6-2-8　七的产生过程

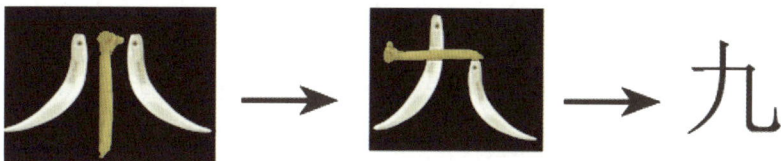

图 6-2-9　九的产生过程

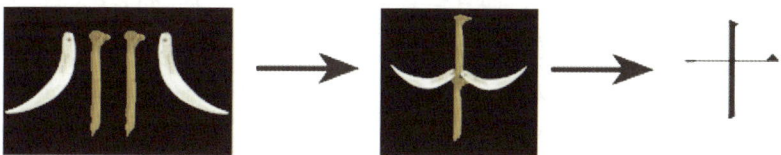

图 6-2-10　十的产生过程

　　总之,从十个数字的创造过程可以看到,汉字来源于人们的实践,具有极其鲜活的生命力。与此同时,汉字的创造过程,真实地反映了人们思维的一般规律。因此,汉字是人类最富于智慧、最具生命活力的语言。

二、美妙的形义关系

　　在古文字阶段,汉字的构字方法主要有四种:象形、指事、会意、形声。象形就是对事物的外部特征进行描绘,使人一看便知。如"山""水""鱼"。指事是用抽象符号或者在象形字的基础上加上抽象符号表示难以直接描绘的事物或位置,如"本"是在"木"的下部加上一横指示树根的位置。会意是把两个或两个以上的字合在一起表示一个新的意思,如"休"用"人"倚"木"表示"休息"义,"尘"用"小"和"土"会合出"尘土"义。形声是用表示意义类别的构件和表示声音的构件合起来表示一个词义,如"湖"用"氵(水)"表示意义类别,用"胡"表示读音,"袍"用"衤(衣)"表示义类,用"包"表示读音。在这四种构字方法中,前三种都没有表音成分参与,字的形体直接跟词的意义相联系;第四种是由表音成分和表意成分两部分构成的,人们还可以依靠表意的成分来理解字义,在识读中起主要作用的仍然是表意构件。在漫长的发展过程中,汉字这种据意构形的特点一直没有改变。

汉字是典型的表意文字,这也造就了汉字的独特文化内涵。元宵节或一些活动中的字谜游戏,就是根据汉字意义和形体的特点,把汉字分析拆拼,对谜面或谜底的文字形状、笔画、部首、偏旁进行增损变化或离合归纳,使原来的字形发生变化。这类谜往往虚实结合,需仔细推敲斟酌,才能求出谜底。如"绿树村边合"(打字一)的谜底是"林",谜面摘自唐代孟浩然《过故人庄》,今运用别解手法,以"树、村"二字的"边"分扣"木、木",是为离;再将这两个偏旁合起来成为"林",是为合。

三、汉字中的哲理

每一个汉字都承载着丰富的文化信息,具有丰富的思想内涵。很多汉字不仅组词能力十分强大,而且富含哲理,给人以多方面的启示与思考。例如,一个"功"字,它告诉人们要成功就要付出,不想出力,只想收获是不可能取得成功的;一个"协"告诉人们,要办好"十"件或更多的事情,需要大家的共同努力,一个人的力量是有限的。

汉字的哲理美,使得汉字的解析常常成为一种审美活动。解析汉字,不仅可以感受其丰富的思想美,而且能感受其哲理美。举例如下。

(1)"人"字虽只有两笔,一撇一捺,一笔指自己,一笔指他人;对于每个人来讲,只有和他人相互支撑,才可望立于不败之地。

(2)什么是"道"?上面是个"首",下面是走之。道就是要多走多看,多用脑袋想。不走不看空想,走走看看不想,永远都明白不了道理。孔子周游列国,见多识广,最终才成为圣人。因此,走出去,才能发展。

(3)"出"字就形体来看:困难总是一山礅着一山,坚持才是唯一的"出路";只有明白山外有山,不断攀登,才有"出"人头地之日。

(4)"不"和"土"结合,变成了"坏","不"和"好"结合,变成了"孬"。那看来就是"不"的问题了,和谁结合都好不了,给它一个"好","不"没有变好,"好"反而就坏了。

(5)"王"字义解:孔子说:"三极者,天,地,人。""王"字中的每一横代表一个要素,一竖代表上下贯通,贯通"天地人"三者,才能为"王"。

总的来讲,汉字是国学赖以产生和存在的基础,也是国学的核心内容之一。对中国国学的一切研究,首先应当从研习和精通汉字开始,精通了汉字,不仅易于理清国学研习的思路,而且可以使学习者更加深透地理解国学的全部内容。

四、超越时空的表现力

跟拼音文字相比,汉字具有超越时间和空间的表现力。从时间的角度讲,汉字形体的演变具有很强的延续性。虽然古今汉语字音的差别很大,但自秦代隶书出现以后,在 2 000 多年的时间里字形相当稳定,字义的变化比较小,所以先秦时期的古书今天一般人还能看得懂。而用拼音文字写的古书,现代人就根本无法读懂了。古埃及、巴比伦的文明史被割断就是一个例子。从空间上讲,中国疆域内方言众多,语音差别也很大,不同方言区的人彼此不能交谈,可是只要写成汉字,他们就能互相沟通。连使用汉字的日语,在部分使用汉字的地方,说汉语的人都能够看明白意思。

五、构词功能强大的单字语素

汉字经过几千年的演变,始终保持了形、义紧密联系和音、形、义相统一的方块字特点。除了极少数因吸收外来词而造的字外,汉字中的每一个单字就是一个语义单位(即语素),这决定了汉字强大的组词能力和无限的生命力。每当一个新的概念产生时,人们能够依据其大的类属对其进行语义"定位",继而在汉字系统中为其找到一个基本语素,然后再对其进行修饰或限定,创造出能够准确揭示事物(概念)内涵的新词来,并且新造的词汇很快能够被大多数人所理解。如,当压制面条的机器这一新生事物出现时,人们首先将其定位到"机"械的大类之中,然后再根据它的功能用"压面"对"机"进行限定,这样,"压面机"这一新词(概念)就产生了。这一概念面世后,不用作解释,绝大多数人都能理解它的含义。这一点是任何表音文字都无法相比的。

第三节 识用美

汉字是象形文字,可以察形知义。作为表意文字的汉字,几千年来形义都十分稳定,并且字体的演变延续性很强,因此,即使是上古汉语文字,也极易辨认,而且很容易弄懂其意思。现在的英国人没办法读莎士比亚当初写的剧本,是因为语言符号的意义已经发生了巨大的改变。而我们今天不仅能读先秦诸子，甚至能够依据单字的形体构造释读出甲骨文字的意思。这就是汉字的巨大优越性，即汉字的识用美。

一、易学易会、使用便捷的文字

20 世纪 80 年代以前，人们普遍认为汉字难认、难写、难记。今天看来，"三难"只是在一定的历史条件下，人们对汉字的一个错觉。

最初，计算机刚发明的时候，汉字输入一时是个难题。于是，有人就臆断：汉字无法实现计算机输入，终究要被历史所淘汰。这种论调一次又一次被信息技术的发展所否定。现在，汉字的计算机输入速度已经远远超过了英文，特别是近几年来，汉字"二笔"输入法、联想输入法等方法的出现，使汉字的输入速度达到了英文输入速度的数倍！从另一个角度讲，随着科技的飞速发展，新词不断增加，英语的单词越造越长，有的已经超过 20 个字母，而汉语拼音的音节最长的也不过 6 个字母。这就是说，在启用汉字输入法的联想功能的情况下，即使采用现在被认为最笨拙的汉字拼音输入法，汉字的输入速度也要比英语快得多。从手写的角度讲，汉字常用字的笔画是十分省简的，寥寥几笔成字。事实证明，以"正书"为参照标准，同样的一段话，用汉字写出来的时间要少于用英语写出的时间。因此，"难写"对于汉字来说已永远成为历史。

至于说"难记"，就更不能成立了。汉语识字是世界上费时最少，记忆量最小的一项学习活动。今天，世人们都十分清楚：不论是中国人也好，外国人也罢，只要掌握了 3 500 个常用汉字，就能够顺利地阅读所有中文读物。而即使是美国人，掌握不了 6 000 个以上的常用单词，读一般的英文报纸都有些困难。更有甚者，即使记住了 2 万个单词，他能享受的信息还是有限的。尤其是阅读科技著作，离开了专业词典几乎无法读下去。中国人只要掌握三四千个汉字，就可以享受几乎全部信息，拿到什么书都能顺利地实现阅读。因此，我们不能被简单的 26 个字母所迷惑。这简单的 26 个字母通过排列组合造出来的任何一个单词，都要靠强记——音、形、义之间缺少有机联系，这本身比形义联系十分紧密的汉字记忆难度要大。何况，因专业的不同，常用英语单词的数量少则上万，多则几万，其记忆量之大可想而知。

最后说"难认"。汉字本身是象形文字，可以察形知义，即使是上古汉字，破译的难度也很小。而对于任何一个英语单词来讲，在你没有靠强记弄清它的意思之前，你是无法知晓它的基本含义的。比如说，forest 这个单词什么意思？你没办法从字母组合上得到解答的线索。而对于汉字"森"来讲，一看就知道它表示树多的意思，紧接着就会想到成片的树，至此，它的意思基本就明确了。

由此可见，相对于拼音文字来讲，汉字的意义识别要容易得多，即"易认"。

还有一些人当初提出汉字难认的观点是基于读音而言的。诚然，在掌握了音节构成规律的情况下，英语单词一看就知道怎么读。但会读不知其意，又有何用呢？况且，汉字的形声字占绝大多数，而其声旁大多表音很明确，所以识读也很方便。既能够通过形旁察知其意，又能够通过声旁大概知晓其读音，汉字还称不上"易认"吗？

事实上，形声化一直是汉字发展的方向。据统计，在甲骨文字里，形声字只占 20%，到东汉许慎编写《说文解字》时，形声字的比例已经达到 82%，到清代康熙年间编纂《康熙字典》时，形声字已占到 90%。此外，绝大多数非形声字都曾作为形声字的构件参与形声字造字。

事实证明，汉字是人类所有文字中最易识别，习得过程中记忆量最小，实际使用上最便捷的一种文字。

二、汉字最容易被感知和察识

汉字方方正正的结构不仅使构字部件的搭配规律性很强，而且在二维空间内确定了笔画或部件的组织范围，使一个字不论笔画多少都占有相同的二维空间，为识别提供了极大的方便。这一点拼音文字是永远无法实现的。如，要弄清英语中的 vulgarization（卑俗化）这个单词，由几个音节构成的这样简单的问题，可能得用识别汉语中的同一词数倍的时间。

再从人们注意的倾向性来看，人类的视觉视野总是一个面，而不是一条线，所以线性排列不易辨认；排成方块一目了然。拼音文字是线性文字（图 6-3-1），汉字是方块文字（图 6-3-2），所以汉字比拼音文字有更高的阅读效率。这就是说，由汉字组成的语言系统综合识别速度要比拼音文字快得多。

图 6-3-1　线性符号示意

图 6-3-2　方块汉字示意

上面两个示意图，前者模拟拼音文字——线性文字；后者模拟汉字——方块文字。仔细观察，不难发现，方块汉字比线性的拼音文字更容易被人所感知和记忆。这既是由人类眼睛的视野特征所决定的，也是由人的注意力特点所决定的。也就是说，相对于线性的拼音文字而言，汉字不仅容易感知，而且容易记忆。

汉字是象形文字，可以察形识义，尤其是对已认知的汉字的字形进行分析，不仅可以探知其本意，而且可以由此引发联想，获得更多的感悟。并且，汉字是构词的基本单位，掌握了汉字的基本意思，就可以基本掌握其所构大部分词语的意思。比如说，掌握了"男、女、人、孩"四个字的含义，就能透彻地理解

"男孩、女孩、男人、女人"这些词的准确意思。随着单字掌握量的增加，汉语词汇的"旁通"将以几何倍数增加，这一点是英语所无法企及的。比如说，记住了"man"（男人），看到"woman"（女人）也不一定能明白它是什么意思。

汉字的构字规律性极强，利用其构造规律，可以"触类旁通"，在短期内突破识字关。此外，由于汉字相互组合的自由度特别大，只要掌握了为数不多的汉字，就可以具备一般的日常阅读能力。汉字的构字部件虽然笔画简单，但大多具有一定的"音"或"义"，且数量不是很多，易识易记，不仅习得十分轻松，而且在现代信息处理方面比拼音文字具有更大的优越性。

由于汉字的诞生因物象而生，并且成字方法极其简单，不论多么久远的文字都很容易被破译，因此，用汉字记录的历史不易被割断。比如说，今天看到几千年前的这个"🐟"字，还能认出来它是"鱼"字，看到这个"🚗"字，还能释读出它是个"车"字，这就是汉字因物象形的最大优越性所在。正是这样的优越性和汉字从未被割断的形体演变的延续性，今天的中国人可以轻松阅读上古和中古时期的各种典籍，享有丰富的精神资源。

三、超强的信息承载力

汉字"形、声、义"三位一体，其本身的信息量远远大于拼音文字。而本身可以作为一个语素或一个词的汉字，其意思大多是一种集合意义，尤其是表示概念的汉字。只要认识了表示一种事物的一个汉字，关于一类事物的名词都会轻而易举地被理解。比如，认识了"牛"字，不论公牛、母牛、黄牛、水牛、老牛、小牛，人们都能知道它的意思。而拼音文字就不同了，尤其是英语，必须一个一个地记，理解和记忆都很困难。例如，即使你认识了 ox（牛），bull（公牛）、cow（母牛）、calf（小牛）任意出来一个，你也未必认识。对于这几个虽然表示同类事物的单词，你也必须一个一个地学、一个一个地记。通过比较可知，汉字是最简洁的文字，单位字符所承载的意义信息量远远大于任何拼音文字。

由于汉字本身承载的信息量很大，汉字的组词能力十分强大，不管是名词还是动词，成词的空间巨大。因此，当新概念、新事物不断产生，拼音文字已疲于应对时，汉字却游刃有余。

四、强大的文化凝聚力

汉字，不论是当初刻在龟甲上的，还是铸在青铜器上的，无论是书在木简上的，还是写在纸张上的，几千年来形态发生了较大的变化，但是表意的性质始终没有变。自秦代以来，中华大地上"书同文"的格局没有变。因此，不论中华疆域内有多少种方言,"书同文"始终维持着中华民族的统一。

汉字是中华民族的一种情结。不论是长城内外,还是大江南北,说北语也好,讲粤语也罢,用吴语沟通也好,用闽语交流也罢,抑或是用湘语问,用赣语答,用客家话评点,不同的口音背后,坚挺的是相同的语言符号。正是这相同的语言符号,把广大疆域内的人心和精神凝聚在了一起。不论是湖南人吟诵《静夜思》,还是广东人吟诵《静夜思》,或者北京人吟诵《静夜思》,音调不同,声腔不同,但情至深处,那泪水的味道是一样的,因为那几行字中寄寓的情是不会因为用声运调的不同而改变的。

从另一个角度讲,汉语亘古不变的表意性使文字的内涵永远保持不变,使其承载的文化精神永远能够被人们所释读。正因为这样,我们的历史永远是那样清晰,我们民族的根系永远是那么清楚。中国人不论走到世界的哪一个角落,只要看到方块字,就会想到自己是炎黄子孙。

同一个汉字,在不同的方言区域内读音不同,但不论在什么地方,它表示的意义是相同的。也正是这一点,汉字成就了中国文化的丰富多彩。陕西人到了江浙,可以看看越剧、听听评弹;到了安徽,可以去听听黄梅戏。而江浙人到了陕西,也可以感受一下震耳的秦腔。虽然艺术风格颇多差异,角色的扮相不同,但汉字世界里梁山伯和祝英台的故事是一样的。所以,陕西人坐在江浙的剧场内看越剧,即使听得不大明白,心里的感觉也是蛮好的。

五、巨大的发展空间和良好的兼容性

从诞生到今天,汉字已经 8 000 多岁了。在漫长的成长过程中,汉字的活力不断增强。到今天为止,汉字的计算机输入速度是世界上所有文字中最快的,其表现力是所有文字中最强的,其对新生事物的概念生成反应速度是最快的,其使用效率是最高的,其习得过程是最轻松的。

汉字是世界上现存的各种文字中历史最长的,其生命力也是最顽强的。产生于距今 5 500 年前的苏美尔民族楔形文字,曾是"两河流域"文化的一面旗帜,这种文字在使用了 3 500 多年的时间后,到公元 1 世纪完全消亡了;产生于公元前 3 100 年左右的古埃及象形文字,至公元 4~5 世纪也消失了。被历史淹没的著名文字还有玛雅文字、波罗米文字等。只有汉字愈发展生命力愈强大,其文化传承能力愈强。

正是因为汉字顽强的生命力和超强的文化传承能力,中华民族的历史从未被割断过。今天,欧洲人已无法追溯他们 3 000 年前的历史,没法再解读和认识他们的历史文化。因为他们已经看不懂自己祖先所造的象形文字了。而中华民族不仅能够通过上古的典籍探知 5 000 年的历史变迁和文化发展轨迹,而且能够从《易经》和《老子》中解读出先贤们的巨大智慧。

就当今正在使用的各种文字来看,英语在短短1 500多年的发展历史中,缺陷已暴露得十分明显——随着科技的飞速发展,英语已经出现了疲于应对的迹象。因为每一个新事物的产生,都得造出一个新词来对应,字母有限,单词越来越长。如此下去,人们在语言学习方面将不堪重负,英语最终将走向绝境。汉语则不然,不论有多少新事物出现,它都能在常用汉字中找出合适的字造出一个恰当的词来,并且由于构词的语素意义明确,新造的词一般不需解释人人都能理解。新词再增加,常用词不会增加,人们的学习负担自然不会增加。汉字的这一优越性是其他任何一种语言所无法企及的。

换个角度来看,由于单纯的表音性,文字本身缺少思想内核,所以没有思想凝聚力,因而语言的分裂局面已经形成。到目前为止,除英国英语和美国英语外,还有加拿大英语、澳大利亚英语、新西兰英语、南非英语等,它们各有自己的地区性的语词和语法。其他像印度英语、东南亚英语、加勒比地区英语和非洲某些新兴国家的英语,也都各自具有语音和词汇上的特点。由于缺乏共同的思想支撑和凝聚,随着时间的推移,这些不同地区的英语差异会越来越明显。这就是说,单纯的表音文字是无法担当人类文字统一的重任的。

从现代信息科学的角度来看,汉字的计算机输入速度是所有文字中最快的。相同的意思,用汉字表达出来是最简约的。

总之,在当今人类的所有文字中,只有表意的汉字是具有思想凝聚力的语言,只有汉字是能够跨越语音障碍的语言,也只有汉字是承载力最强、发展空间最大和兼容性最好的语言。我们不妨大胆地断言:汉字最终将成为人类的通用文字。

看微课

汉字书法美

第四节　汉字书法美

什么是书法?"书法"一词有两个含义:一是指汉字书写的法则和方法技巧,这是就书写过程而言的。二是指以汉字为载体表达思想、昭示道德与精神,以及进行人格关照的一种中国文化样式,这是就书写结果而言的。

汉字书法之美主要表现在两个方面:一是其构成元素的真善美;二是其体现的文化思想和道德精神。

一、书法元素的真善美

汉字书法作品由用笔、用墨、结字和章法四个要素构成。一幅作品能不能唤起人的美感体验,使人获得一定的美感享受,关键在于用笔、用墨、结字和章法这几个元素是否具有真善美的属性。

(一) 真

汉字书法的真主要表现在三个方面:一是从用笔来看,真的基本要求是起笔和收笔自然,行笔自然,转折顿挫自然,笔法转换自然;表现在墨迹上,笔画干净清爽,既没有累赘,也没有矫揉造作、扭捏作态等现象。二是从用墨来看,不论是一字之内,还是一画之中,墨色的变化要自然,不能有"补墨"或修饰现象。三是从结字来看,字的形体要端庄大方,不能有任何作态和造势的痕迹。

启功先生的行书作品(图 6-4-1),用笔不论是起收,还是行笔,都十分自然,笔画干净、清爽,气息沉静。观赏此作,可以使人心平气和,神清气爽。

真是汉字书法美的基础。汉字书法史上真正的书法大家,其用笔都十分的自然和率真,他们的作品都是以质取胜,而不是以笔画姿态的变化和浮夸来取悦于人。例如,王羲之《兰亭序》(图 6-4-2)用笔起收自然,行笔不事工巧,笔画率真、素净,结字纯朴端庄、落落大方,整幅字无粉饰痕迹,真意十足。这正是《兰亭序》被历代书法家公认为上品

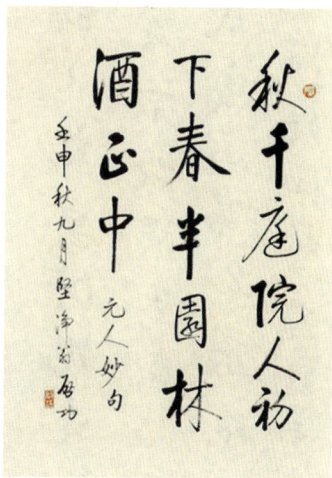

图 6-4-1　启功行书

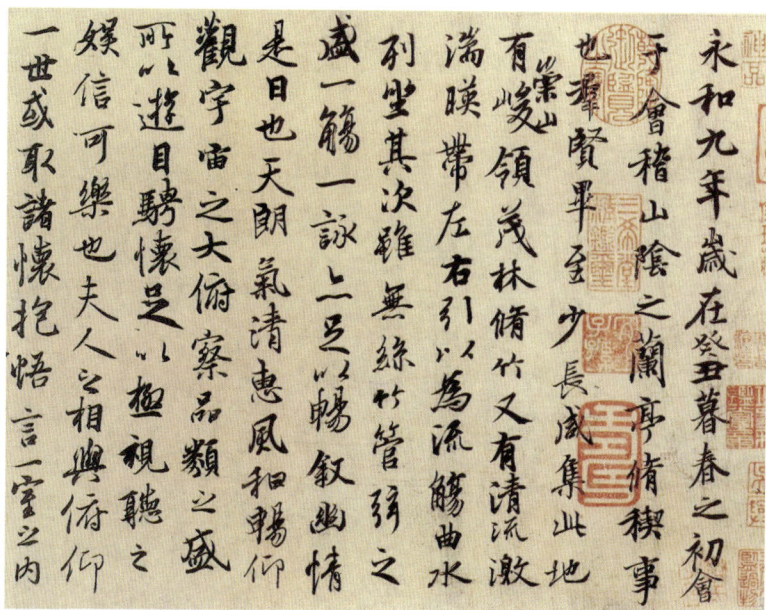

图 6-4-2　冯承素临王羲之《兰亭序》(局部)

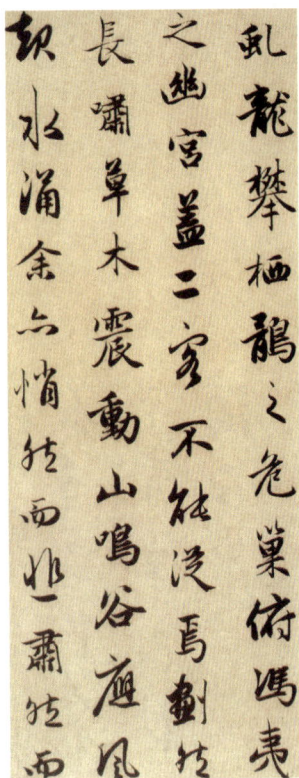

图 6-4-3　元代赵孟頫行书《赤壁赋》（局部）

的一个重要原因。元代赵孟頫的行书《赤壁赋》（图6-4-3），作品用笔起收自然，行笔灵动自如，笔画自然纯净，结字灵动秀美，真意与真趣兼备。

（二）善

汉字书法的善与不善主要从用笔、结体和章法三个方面来看。从用笔的角度来看，起收要平和，行止要有度，转折回环恬静自然，表现在笔画上面，要不伸张、不轻狂，不大起大落。从结字的角度来看，字迹的大小要相对规整，不能有形体偏大或字迹过于沉重的字。一幅作品中，任意一字不能独大、张扬和狂傲，不能有挤占空间和挤压他字的现象；一字之内，不论是笔画，还是构字部件，要相互礼让，不能有争夺和抢占空间的现象。三是从章法的角度来看，每一个字要各安其位，不能有侵占公共空间的现象，字与字之间要相互关照，和谐共处。

清代刘墉的行书《游道场山诗》（图6-4-4）。这幅作品用笔起收平和，行止简洁，点画严格自律，富有礼让精神；结字中宫紧缩，收束严谨，了无伸张之意；每一字均处在行的中轴线上，字与字之间避让有序，平和安静，整幅作品充满了善意。

（三）美

汉字书法之美具体表现在四个方面：一是就笔画来看，干净爽利，没有累

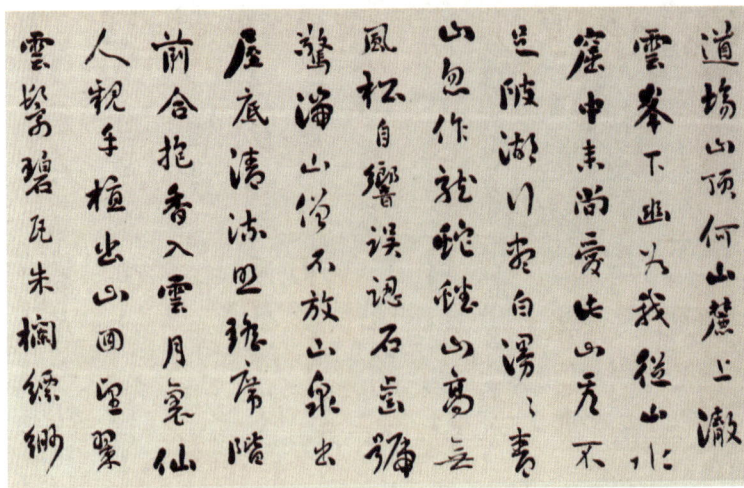

图 6-4-4　清代刘墉行书《游道场山诗》卷

赘，不残不缺。因为中国人向来以朴素为美、以完好为美、以圆满为美、以残缺为憾，所以，书法作品的笔画不可有残缺。在用笔时，不当断处断笔，不应残处残缺，这些都是书法的大忌——艺术可以讲究残缺，但书法是国学，不是纯粹的艺术，在多数情况下不适用艺术法则。二是就墨色来看，要清晰、纯净、过渡自然，无"墨猪"和补墨等现象，浓淡枯润得宜，能够表现出字的气韵与神采。三是就字迹来看，首先要端庄，不可歪斜；其次要舒展大方，富有精气神，既不可形体猥琐，也不能松懈离散；再次是具有或清秀、或典雅、或富丽、或挺健等美的属性。四是就章法来看，字距和行距适度，正文、落款和钤印都恰在其位，整幅作品给人以沉静、和美的印象。

　　清代刘春霖的一幅正书作品(图 6-4-5)，笔画完美无缺、干净清爽、舒展大方；墨色清晰、纯净、温和；结字挺拔端庄，清秀静雅；行列整齐，行间距恰到好处。整幅字不论从哪个角度看，都美感十足。清代钱泳的隶书作品(图 6-4-6)，用笔平和，笔画丰满，完美与健美兼备；立字端正稳健，兼具端庄美与挺健美。

图 6-4-5　清代刘春霖正书

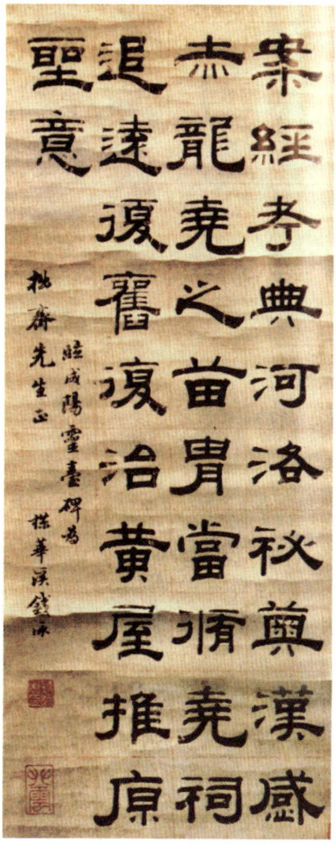

图 6-4-6　清代钱泳隶书

二、汉字书法的道德精神

　　作为中国文化的一种基本样式，汉字书法必须能够对人产生积极的文化影响。一件真正好的书法作品必须体现出中国文化的基本精神，即必须很好地体现出中国文化所倡导的道德精神。

(一) 和谐

　　和谐思想是中国文化的核心和精髓。和谐以中正、平和为基础，"中正"主要是指恰到好处，不出格、不歪斜，"平和"主要是指平静、安详、和顺，不纷乱、不芜杂。汉字书法对和谐精神的体现主要从四个方面来看：
　　一是笔画的粗细、长短、轻重等要恰到好处，不可伸张违和，违和者即非

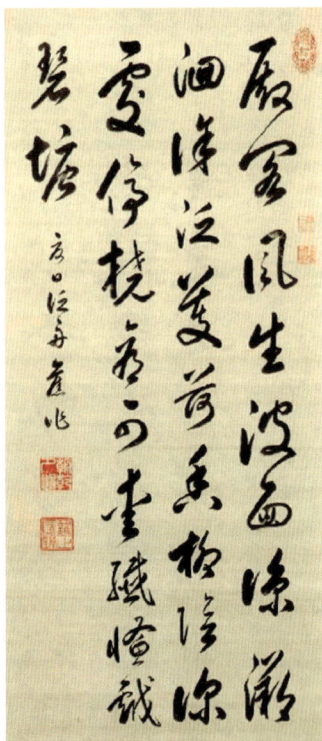

图 6-4-7　清代胤禛行书《夏日泛舟》诗轴

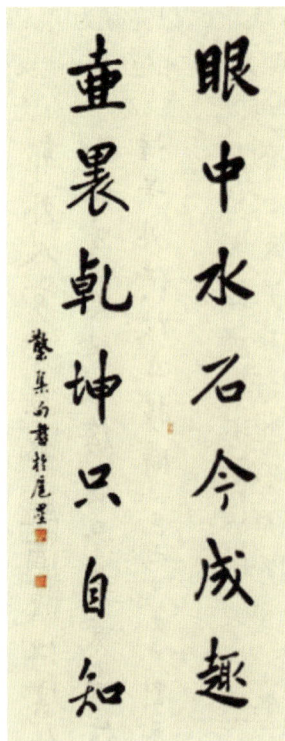

图 6-4-8　现代邓散木行书七言联

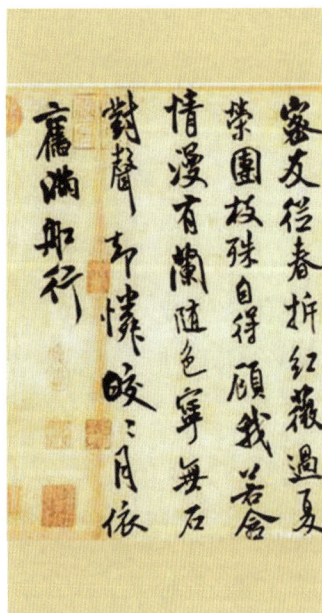

图 6-4-9　宋代米芾《苕溪诗卷》（局部）

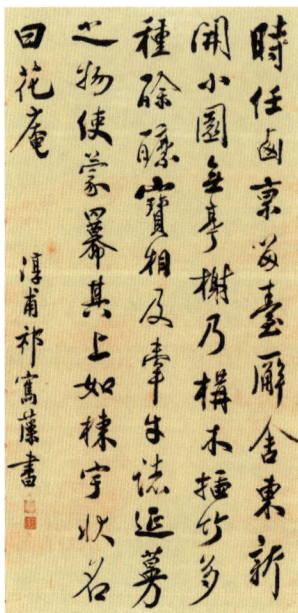

图 6-4-10　清代祁寯藻行书《花庵记》

上品；笔画处位要恰当，姿态要和顺、安详，不可作势和张扬。清代胤禛的行书《夏日泛舟》诗轴（图6-4-7），用笔严格自律，点画合度，无伸张意态，自然和顺，刚柔兼济。

二是墨色要和书体相适应。表现汉字风骨和精神的书体用墨不能太淡，淡则骨力不足，缺乏精神；表现气韵和神采的书体用墨不能太枯，枯则气韵不足，缺乏神采。与此同时，不论是一字之内、一行之中，还是整幅作品，墨色的变化要平和，不可有突兀与夺目之处。现代邓散木的行书七言联（图6-4-8），用墨润而不湿、淡中寓浓，整幅字给人以温和、秀美的印象。

三是结字要相对规整，字迹大小不能相差太大，更不能有个别字形体突兀、字迹沉重的现象。每一个字要各安其位，字与字间避让有序、相处和谐，整幅字给人以和美的印象。宋代米芾的《苕溪诗卷》（图6-4-9），结字大小相对规整，字迹的轻重相对均衡，字与字间无积压、挤占等有损和谐的现象。

四是从章法的角度来看，不仅要行距适度，而且每一字的重心都应落在行的中轴线上，避免阻滞行间行气，使整幅字给人以严整有序的印象。清代祁寯藻的行书《花庵记》（图6-4-10），一行之中，上下字的联系紧密，字的重心基本都在行的中轴线上,行间距适度,整幅字章法和美。

(二) 稳定

稳定是中国文化的基本理念。希望社会稳定,追求生活安定,历来是中国人的美好愿望。汉字书法只有体现出稳定思想,才能满足人们的情感与精神诉求,才能算是一件好的作品。一幅字是否体现了稳定的精神,主要从两个方面来看:一是笔画形态端庄、大方,在字中的处位安和、平稳,相对于字的重心而言,没有背叛和离散现象。二是结字紧凑,立字端正,重心平稳。图6-4-11是唐代的《大秦景教流行中国碑》,笔画处位安和,结字紧凑,立字平正端庄,整幅字给人以大气沉稳的印象。

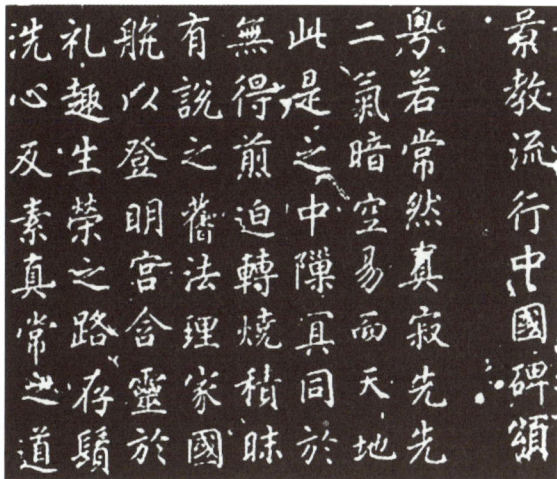

图 6-4-11 《大秦景教流行中国碑》

(三) 自然

崇尚自然是中国文化的基本思想。在这一思想的影响下,中国人向来以自然、质朴、清新、俭素和纯净等为大美,视一切雕琢和粉饰为虚美。汉字书法对崇尚自然这一文化精神的体现主要表现在三个方面:一是用笔自然,无故作姿态和雕饰现象,表现在笔画上,浑然天成,无修补痕迹。二是结字朴素、大方,无矫揉造作和故作姿态现象。三是墨色匀称、变化自然。清代何焯的行书诗轴(图6-4-12),不论是起收行止,还是提按转折,都十分自然;墨色的浓淡和枯润也随行笔自然变化。整幅字给人以浑然天成的印象。

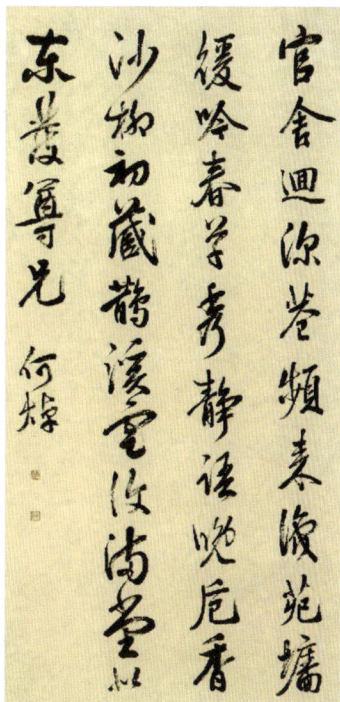

(四) 厚德

汉字书法是一种立德的文化样式,必须不折不扣地体现道德精神,给人以积极的道德启示与引导。道德思想在汉字书法上的表现主要有三点:一是用笔要谦恭,笔画不张扬、不轻狂,不侵犯他字和侵占空间。二是结体要紧凑,点画之间既有凝聚力,又不乏礼让精神;结字要自律,不狂傲、不独大,立字要有正气。三是墨色纯正、温和,不耀眼、不眩

图 6-4-12 清代何焯行书诗轴

目。近代林森的行书轴(图 6-4-13),用笔谦和,点画舒展,但无伸张意态;结字紧凑,笔画间富有凝聚力;字迹大小相对规整,字与字各安其位,无挤占、侵犯等现象;墨色温和,变化自然。

(五) 刚健

刚健有为既是中国文化倡导的一种思想,也是中国人崇尚的一种精神。汉字书法对刚健精神的体现主要表现在用笔、用墨和结字三个方面。就用笔来讲,笔画要斩截有力,筋骨外显;就用墨而言,墨迹清晰,字迹沉实,富于神采;就形体来看,结字紧凑,立字端庄,要体现出风骨和精神。元代赵孟𫖯的行书《千字文》(图 6-4-14),用笔沉实,笔画富有骨力,结字端正挺健,很好地表现了中国文化的刚健精神。

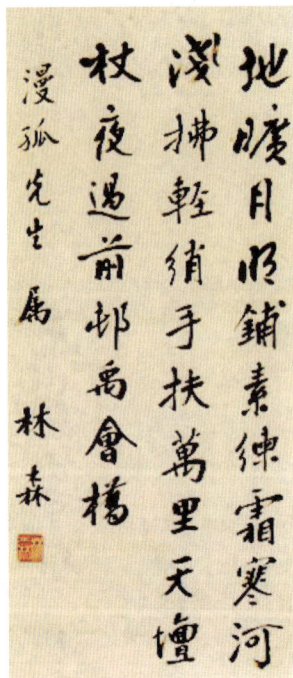

图 6-4-13　近代林森行书轴　　　　图 6-4-14　元代赵孟𫖯行书《千字文》

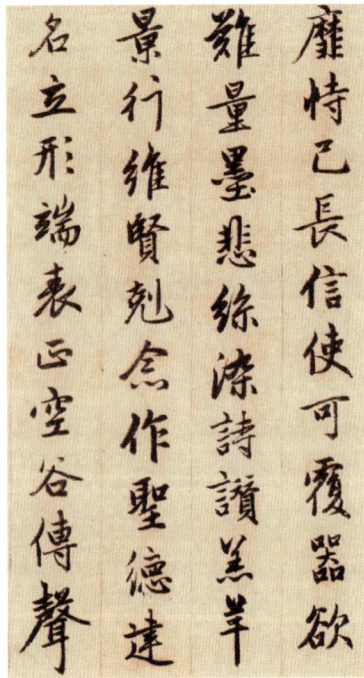

第七章 辞章美

辞章美是指语言和以语言为表现形式的各类辞章所具有的美的成分。其中，辞章包括诗词、散文、小说、格言、谚语和对联等一切语言文化样式。

由于辞章的种类很多，数量又特别大，要一一介绍难免蜻蜓点水，很难收到良好的学习效果。因此，本章仅以富于魅力的诗词曲联为例对辞章美做一下解析。

第一节　汉语之美

汉语作为世界上现存的以象形文字为基础的语言,文字高度统一和规范,语法简洁,音韵和美,词汇的衍生与兼容性很强,语言形式十分简洁,但语言逻辑十分严密。概括来讲,汉语之美主要表现在以下几个方面。

一、音韵美

汉语语音的最大特点是一字一音节,每一个音节必含元音,并且以元音为主体和韵尾,这样的语音结构决定了汉语音韵和谐优美。用汉语写成的篇章,不论是用于朗读,还是用于歌唱,都能够将声韵的魅力发挥到极致。这其中还有一个重要的原因是,一个汉字一个音节,不论是读的短促也好,延长节拍也罢,节奏的随意处理并不影响单字所表达的基本语义。一个单词多个音节的拼音文字就不具备这样的优势,因此其音韵就难以和汉语媲美。此外,汉语句子的强调重音可依其语义表达的不同,分层次进行处理,这一点拼音文字也不具备。

正是因为汉语的音韵十分和谐优美,所以中国的古典诗词朗读起来具有一种特殊的听觉感染力,并且借助于节奏和声调的变化能够把感情抒发得淋漓尽致。用汉字填词的歌曲,一个字所占的节拍可长可短,节奏舒缓自如,更易造成跌宕起伏的音乐效果,使音乐艺术的感染力得到最大限度的发挥。

二、词汇美

汉语词汇系统以单音节词为基础,双音节词为主体,四字成语锦上添花,单词音节(字符)相对较少,构词语素内部语义关系清晰,词义易于释解,便于记忆,动词十分丰富且使用自由灵活,整个词汇系统具有丰富而强大的表现力。

看微课

词汇美

(一) 汉语词汇的特点

由于汉语的词根性语素大多可以独立成词,并且一字多义现象十分普遍,加之有实义的语素组词灵活自由,这些不仅使汉语词汇系统一直保持着巨大的生机与活力,而且使汉语词汇具有一些突出的特点。概括起来讲,汉语词汇具有以下几个特点:

1. 词义的概括性强

由于象形是汉字造字的一种基本方法,很多汉字不仅反映了事物形态,而且一产生就是一类事物的概念——独立成词,其意义具有强大的概括性。如,汉字的"牛"作为一类事物的概念,它的外延包括世界上所有属于"牛"类的动物,不论公母、大小,也不管是水牛、奶牛、羚牛、牦牛,还是黄牛、青牛、黑牛,"牛"这一个字全部将其纳入指称范围,如要单指,只需在中心词"牛"字前加上限定词即可。相比较来看,英语中的仅"公牛"就有三个单词——bull、ox、toro,"母牛"有五个单词——cow、bossy、crummie、moggy、muley,"公鸡"有三个单词——cock、rooster、chanticleer,"母鸡"有两个单词——biddy、hen,并且这些单词间没有触类旁通性的联系,需要一个一个记忆。这样一比较,大家就会发现,汉语词汇意义的概括性极强,这使得汉语的词汇系统要简约得多,但其表现力要强得多,同时学习和掌握要容易得多。

2. 一词多义现象十分普遍

汉语词汇最大的一个特点是具象性和意境性,物性的相似性和情态的相近性使得汉语词语的借用与活用十分普遍,加之修辞的运用,汉语词汇的意义不断积淀,形成了一大批多义词。如上所讲的"牛"这个词,其基本意思是力气大、坚韧的一种哺乳动物。由这个基本义引申出了固执、骄傲、本领大、有实力等意思,这样的词义引申现象在汉语中是十分普遍的。一词多义中的引申义和比喻义更具有生动性和形象性,这一特点决定了汉语词汇系统丰富的表现力。

3. 词的派生能力很强

汉语词根性单音节语素的意义大多具有集合性,一个语素的基本意思常常可以囊括一大类事物,如"机"这个单音节语素作为构词中心语素时,不论是什么机械,都囊括在它的指称范围内。任何一种新的机械产生,只需在它的前面加上定语性的语素,新概念就产生了,并且很容易被人理解。这种强大的词语派生性使汉语应对新事物出现的能力十分强大,词汇简约生成的空间非常之大。例如,当"族"这个语素被赋予"一类人"这个新的意义后,上班族、追星族、推销族、打工族和工薪族等一大批词语随之派生出来。

4. 词的内部结构清晰

汉语词汇大多是合成词,语素间的关系十分明确,词的意义解释和融会贯通都十分容易。

5. 直接的思维唤起性

由于构成汉语词汇的词根性语素大多具有明确的事物、情态或行为的指向性,汉语词汇具有直接的形象思维唤起性,用汉语写成的诗、词、曲、联等可以直接把人带进美妙的艺术境界。

(二) 汉语词汇的表现力

由于构成汉语词汇的词根性语素大多具有明确的事物、情态或行为的指向性,很多汉语词语本身具有形象性和情境性,有较强的思维唤起性,加之汉语词汇词义的概括性很强,词汇中一词多义现象十分普遍等,汉语词汇具有超强的表现力。

1. 表意的严密性

汉语中不仅存在着大量的同义词和近义词,而且词分褒义、贬义和中性三类,恰当使用,不仅思想表达十分严密,而且情感表现也十分到位。

2. 动词的情态性很强

汉语词汇系统中的动词十分丰富,并且这些动词对事物的动作情态具有描述性,情态性很强。

3. 词语活用现象十分普遍

汉语词汇的意义不仅概括性强,而且在可类比事物间活用,以加强表达的生动性和形象性。例如,"风移晓月云里去,潮托旭日水中出"(黄高才撰联),这副对联的两句话中,分别活用了"移"和"托",语言的生动性和情境性增强了许多。

三、修辞美

修辞是指对言辞的修饰与美化,其中包括音韵的和谐悦耳、节奏的张弛起伏,以及词语的活用等。汉语修辞自由灵活,信手拈来,这使得汉语言的魅力无穷。

(一) 消极修辞

汉语的消极修辞在字词句的使用上都有体现,几乎是随时随地,信手可得,如"他人在课堂上,心早已从窗户跳出去了",这一句中"跳"字的使用就是一种消极修辞。又如"梅逊青竹节气,竹输寒梅精神"(黄高才联)这副对联中,"逊"和"输"就运用了修辞手法。

在日常生活中随处可见消极修辞的例子。例如,"为了您和他人的家庭幸福,请自觉遵守交通规则。"这条大街上的交通广告语就用了婉曲的修辞手法。

除了字、词、句活用这些消极修辞外,汉语表达中经常使用的四字成语、格言谚语等都能够加强语言的修饰效果。

(二) 常见的积极修辞方法

汉语的消极修辞几乎是一种不漏痕迹的美化语言的手段,让人们在不自觉中感受到了一种语言的魅力。与消极修辞形成对比的是积极修辞,积极修辞具有一定的辞格,语言修饰效果更鲜明。现举例如下:

1. 比喻

比喻就是打比方,把抽象的、深奥的、人们不熟悉的事物,化为具体的、浅显的、人们所熟悉的事物,给读者以鲜明深刻的印象。好的对联,常有好的比喻。

墙上芦苇,头重脚轻根底浅;山间竹笋,嘴尖皮厚腹中空。(解缙)

这是一副对仗工整、形象鲜明的好联。它用来比喻一些没有真才实学、夸夸其谈的人,生动而贴切。

2. 比拟

这是把人或物异化,即把物当作人来写,把人当作物来写,把此物当作另一物来写,可以使语言生动形象而且新鲜,唤起读者的联想,增强作品的美感,提升作品的意境。比拟有两种:

(1) 拟人:将物当作人来写,移情于物。拟人在比拟中最常见,富有情趣,多出佳句。

天着霞衣迎日出;峰腾云海作舟浮。(赵朴初题峨眉山清音阁联)

上联写日出时景象,朝霞满天,老天像为欢迎红日出来,特意穿上霞衣。这是把天当作人来写。下联是比喻。

(2) 拟物:这是将人当作物、此物当作另一物来写。

文坛花争艳;桃李果竞先。

此联是说文艺界人才济济,年轻作家朝气蓬勃,流派多,成果不断涌出。

3. 夸张

夸张是在客观实际的基础上,将描述的事物故意夸大或缩小,突出事物的本质特征。它可以将深厚的感情、难状的物象,巧妙地表达出来,使文辞飞动。夸张要使读者明白这是夸张,不致引起误会。夸张要"夸而有节,饰而不诬"。夸张的事虽不合理,却合乎情。夸张有两种:

(1) 扩大:将描述的事物加以主观想象,尽量扩大。

直上青天揽日月;欲倾东海洗乾坤。(徐悲鸿言志联)

联意是:我将直上青天去摘取日月,给人间带来无限光明;我想倾倒出东海的水,去洗净这世界上的一切肮脏。事实上人不可能去"揽日月""倾东海",但是却表现了他追求进步、追求光明和济世利民的热切心情。此联激情澎湃,气魄宏大。

(2) 缩小:将描述的对象尽量缩小,比实际状况小得太多。

国祚不长,八十多天袁皇帝;封疆何窄,两三条巷伪政权。(抗日战争时,爱国人士嘲讽在南京的汪精卫伪政权联)

上联从时间上说,以袁世凯称帝作比,极言汪伪政权存在的短暂;下联从地域上讲,极言其管辖的范围狭小。总之,这个伪政权极不得人心。

4. 衬托

衬托是为了突出某事物,运用相似、相关或相反的另一事物作为陪衬,使某事物显得更加鲜明,使表达婉转多味。被衬托的事物叫本体,用来衬托本体的事物叫衬体。

帆远浮天阔;江空得月多。(镇江金山寺联)

此联中用"帆远"来衬托出"天阔",用"江空"来突出"月多"。

5. 对照

对照又称对比,是把两个相对或相反的事物,或者一个事物的两个不同方面并列在一起,加以对比,用以突出主题。

青山有幸埋忠骨;白铁无辜铸佞臣。(松江女史撰岳飞墓联)

此联对比鲜明,突出地表达人民对民族英雄岳飞的尊敬和对奸臣秦桧的憎恨。含蓄婉转,脍炙人口。

6. 借代

借代是舍去人或事物的本来名称,借用与它关系密切的事物来代替,也就是换一个说法,换一个名称。借代可以增强语言的形象性。

八千子弟随流水;百二山河委大风。(项王庙联)

刘邦曾作《大风歌》:"大风起兮云飞扬,威加海内兮归故乡,安得猛士兮守四方!"本联惋惜项羽兵败人亡,险固的山河都归属刘邦了。这里借《大风歌》代刘邦。

7. 排比

排比是结构相同、意思相关、语气一致的词组或句子,成串地排列起来,可以充分酣畅地表达意思,加强语言的气势。排比,应当有三个或三个以上的词组或句子,如果只有两个,应属对偶。排比,可以在联首,也可以在联中或联末。

使用排比手法,要注意事物的排列顺序。或以时间先后为序,或以空间方位为序,或以事物的主次轻重为序。

沧海日,赤城霞,峨眉雪,巫峡云,洞庭月,彭蠡烟,潇湘雨,武夷峰,庐山瀑布,合宇宙奇观,绘吾斋壁;少陵诗,摩诘画,左传文,司马史,薛涛笺,右军帖,南华经,相如赋,屈子离骚:收古今绝艺,置我山窗。(此联为邓石如手书联)

8. 设问

设问是本无所疑,故意提出问题,以引起读者注意。提问后自己再作回答,以示强调;提问后不作回答,以引起读者的思考和回味。设问,可以使联语形成一点波澜,避免一味平实陈述。

何物动人? 二月桃花八月桂;有谁催我? 三更灯火五更鸡。

"三更灯火",指深夜灯光供我读书。"五更鸡",指拂晓鸡鸣,催我早起,"闻鸡起舞",不忘国事。此联是半联内自问自答。如果不用设问,改为一般陈述:"二月桃花八月桂动人;三更灯火五更鸡催我。"显然,语言效果就差了。

9. 反问

反问是无疑而问,为了加强语气,用疑问句的形式表达确定的意思。它既有启发性,又有说服力。口语"难道……吗?""怎么不……呢?"就是反问。反问不需要回答,答案就在反问句中。

一桌子点心,半桌子水果,哪知民间疾苦;两点钟开会,四点钟到齐,岂是革命精神?(冯玉祥讽刺国民党会议联)

此联用反问,表达了对国民党官僚老爷作风的憎恨。如果不用反问,改"哪知"为"不知",改"岂是"为"未是",语气变轻,语意也会受到影响。

10. 反复

为了强调某种意思,突出某种感情,有意重复使用某些词语或句子的一种修辞方法。

年难过,年难过,年年难过年年过;事无成,事无成,事事无成事事成。

此联中"年难过"和"事无成"反复,强调了"过"和"成"的意思,表现了乐观向上的生活态度。

11. 顶针

顶针是指把前一句结尾的词语作为后一句起头的词语的修辞方法。

国士无双双国士;忠臣不二二忠臣。(岳飞、文天祥祠联)

此联中"双"和"二"两字顶真,有天衣无缝之妙。

汉语表达中经常使用的修辞手法还有好多,限于篇幅,这里就不一一列举了。

四、语法美

汉语语法是人类所有语言当中最简洁的一种语法,也是人类语言中最优秀的一种语法。说它优秀,不仅是因为它简洁、明了、易于通晓和对词语的统摄性强,还在于它在实际使用方面十分严谨,而且它最大限度地反映了人类思维的自然规律,使人的思维活动能够借助于语言直接而顺畅地进行。

(一) 汉语句法的特点

在很多人的眼里,汉语语法没有英语的语法科学和严谨,有人甚至说"汉语没有语法"。例如,美国历史学家威尔·杜兰就在他的《文明的故事》第一卷《东方的遗产》一书中妄言汉语没有语法和词类。直到今天,国内还有相当一部分人认为汉语语法拙劣,甚至有人还在妄言"汉语没有语法",这都是对汉语

缺乏真正的了解所致。实际上,汉语语法是一种十分优秀的语法。汉语语法的特点如下:

1. 简约而不失严谨

有人在比较汉语和英语时,常拿汉语动词没有时态等来说事,殊不知,一个个动词加上词缀的繁冗时态变化正是一种语言缺陷,并不是它的优点。汉语表现各种时态只需要用几个简单的助词就可以了,而且就是这些单音节词也常常"活用",表达一种动作的承继性,兼跨几个动作时态。

客人说:你忙吧,我走了。

主人说:我送送你吧。

这里"我走了"中的"了"既表示了正在发生和将要发生的动作,又表示了即将完成的动作,"我送送你吧"中的"吧"也是既表示了正在发生的动作,又表示了即将发生的动作,这样的助词活用,不仅将意思表达得十分准确,而且兼有几个时态,这种丰富的表现力,是英语动词时态变化无法企及的。

和词法一样,汉语的句法十分简约,但意思表达十分严谨。例如,"那个提竹篮的小姑娘给了我两个野蘑菇"这个兼语句,主宾对象都十分明确,意思表达很到位。

汉语语法简约但又不失严谨,主要是由其句子结构的科学性所决定的。汉语句子主干的基本形式是"主语 + 谓语 + 宾语",完整结构有"(定语)主语 +(状语)谓语 +(定语)宾语"和"(定语)主语 +(状语)谓语(补语)"两种基本形式。汉语句子可以把意思表达得十分严密,关键在于其定语、状语和补语成分可以根据实际情况灵活使用,可长可短。如"大二一个叫辛言多的男生脸上涂了红墨水躺在中文系女生宿舍楼前面玩苦肉计"这一句中的状语成分 19 个字,占了整个句子的多一半字数。

2. 词句间语义关系十分清晰

汉语单句中各个构成成分之间主次、偏正关系清晰,句意中心明确,易于把握。与此同时,汉语的复句句间关系十分清晰,主宾与偏正一目了然,句意很容易把握。例如,你答应跟我好,我就给你买雪糕。这是一个假设条件关系的复句,前后两句间语义关系十分明确。

3. 句式变换规律性强

汉语的句式变换以基本句式为基础,通过语序的调整和助词的使用来实现,规律性很强,大多变换具有强调、强化句意和突出部分意思的作用。例如,"昨天晚上在你家门前等了整整六个小时"一句,若要强调"等的时间长"这个意思,可以变化句式为"在你家门前等了整整六个小时,昨天晚上",这样一变,句子的基本意思没变,但"等的时间长"这个意思得到了强调。

4. 语言的情境性很强

汉语是一种情境性的语言,在特定的语言情境下,句中的成分可以省略,也可以扩充或添加,但不会影响基本意思的准确表达。

老师:谁在黑板上把我画得这么丑。

小于:我。

在师生对话中,小于只一个"我"就准确回答了老师的提问,其他一大堆成分都省掉了。但要注意,在这个对话过程中,小于可以有多种回答,每种回答会有不同的效果,例如:

A. 老师,我画的。

B. 老师,抱歉,时间仓促,眼镜上忘画商标了。

C. 我画的,一时疏忽,忘署名了。

小于的回答还可以有很多说法。由此可见,汉语句法的绝妙之处。

5. 标点符号是句子的重要组成部分

在汉语句子中,标点符号有时不仅决定着句子的语气,而且决定句子的语义。

A. 你说。

B. 你说?

A 句是一个陈述句,表达了让对方说的意思;B 句是一个问句,以商量的口气征求对方的意见。两句仅有一个标点之差,但意思迥然不同。

(二) 汉语的语言逻辑及其对人们思维的影响

汉语的语言逻辑顺应和真实地反映了人们的思维规律,不仅可以促使人的思维活动顺畅有序的进行,而且对人的形象思维有一种砥砺作用。概括来讲,汉语的语言逻辑具有以下几个特点:

1. 与人类思维的自然契合性

汉语的语序反映了事物发展变化的自然规律,与人类思维的逻辑顺序相一致,使用汉语不仅有利于人们思维的自然发展,而且人们还可以借助于汉语来进行思维能力的训练。例如,他爬到树上去了。在这句话中,施事者"他"首先要出现动作才能发生,有"爬"这个行为,才可能"到树上去",到了树上,动作就停止"了",语序和行为的发展过程高度一致。

2. 词序决定语义

语言是思维的工具,语言逻辑影响人的思维逻辑,汉语词语组合的自由性和灵活性直接决定和影响着人思维的灵活性。

A. 她是张老师的学生。

B. 张老师是她的学生。

A 句和 B 句所用的词语完全相同,只是语序不同,表达的意思相反。

3. 想象与联想的开启性

作为一种情境性的语言,汉语词句很容易把人的思维带进一种想象与联想的境界,让人的思维自由地驰骋。例如,看见"抓小偷!"这句话,人们常常会不由自主联想到大街上的情景或者在影视片中看到的情景,想象与联想活动随之展开。

第二节　文学形象美

看微课

文学形象美

　　文学形象是指文学作品中所描绘的人物形象、事物形象和自然景象等。人物形象是文学形象的主要部分。通过人物形象来反映社会生活是文学作品的一个重要特点。文学作品中的人物形象一般采用"杂取种种人,合成一个"的方法创造典型形象,这种形象代表了一类人的共性,又具有自身独特的个性。

黄鹤楼送孟浩然之广陵

唐·李白

故人西辞黄鹤楼,烟花三月下扬州。

孤帆远影碧空尽,唯见长江天际流。

　　这首诗里有多个形象:故人、黄鹤楼、烟花、孤帆、碧空、长江、天际等,但很明显诗里的主要形象并不是它们,而是送别友人孟浩然去广陵时立于江边遥望天际的诗人。

　　除了人物形象外,文学作品中还有景物形象。景物形象常常是主观之情与客观之景相交融的产物。

武　陵　春

宋·李清照

风住尘香花已尽,日晚倦梳头。

物是人非事事休,欲语泪先流。

闻说双溪春尚好,也拟泛轻舟。

只恐双溪舴艋舟,载不动许多愁。

　　"愁"原来无形状无重量,但是,诗人对它进行了诗的处理,让它形象化、可感化,以可见的景物形象加强了诗篇动人以情的魅力。

　　文学作品中的景物形象是情感的产物、想象的产物。如果没有情感的渗透,作品的景物形象也就失去了价值。正因为一切景物形象都是由作者的主观感情生发出来的,所以,借助景物形象所表达的思想感情也是富于感染力的。

第三节　文学意境美

所谓意境,就是作者在作品中所描绘的生活场景与作者的思想感情有机融合而形成的一种艺术境界。意境中的"意"就是创作者的思想感情,"境"就是作品中所描绘的景象或情境。

西江月·夜行黄沙道中

宋·辛弃疾

明月别枝惊鹊,清风半夜鸣蝉。

稻花香里说丰年,听取蛙声一片。

七八个星天外,两三点雨山前。

旧时茅店社林边,路转溪桥忽见。

这首词中,夏夜的清风、明月、蛙声、蝉鸣,还有稻花淡淡的清香构成了一幅静美的生活图画,其中再渗入了作者无限的喜悦之情,就形成了美妙的意境。

意境是一种情景交融的艺术境界,有情无景或有景无情,都不能称之为意境。事实上,情感的表达是需要一定的景物来显示的。优秀的作家总是想方设法将思想感情浓缩到一定的生活画面之中,使人通过具体可感的生活画面去感知和把握。

情景交融只是意境的一个形象特征。不论是景中藏情、情中见景,还是情景并茂,都不能看作是意境的全部。美妙的意境,不仅要具有情景交融的形象特征,而且要虚实相生,含有无穷的韵味。

宋代梅尧臣说:"必能状难写之景,如在目前,含不尽之意,见于言外,然后为至矣。"这句话告诉我们,意境包括两个部分:一部分是"如在目前"的实境,一个是"见于言外"的虚境。实境是指直接描写的景、形、境,而虚境则是指由实境诱发和开拓的审美想象的空间。

月　夜

唐·杜甫

今夜鄜州月,闺中只独看。

遥怜小儿女,未解忆长安。

香雾云鬟湿,清辉玉臂寒。

何时倚虚幌,双照泪痕干。

这几句诗所写的实境是一幅妻子儿女的月下思亲图。身在鄜州的妻子孤身只影,凄然而立,"独看"圆月,忧怀伤情,牵挂着在外漂泊的丈夫。那已酣然入梦的小儿女,是体会不到这相思之苦、离情之痛的。这实境之外的"诗意空间"是什么呢? 诗人独立庭院,仰望明月,思念着远方孤苦的妻子和不谙世事的儿女,泪湿衣衫。诗人心底的相思之苦、离情之痛见于言外。

第四节　独特的文学样式

汉字一字一音节、每个音节必含元音和韵尾音调的微妙变化等巨大优越性,造就了律诗、绝句、词、曲、联这些中国独有的文学样式。这些文学样式篇幅短小,题材广泛,可抒情、可言志、可写景,创作活动不受时空限制,灵感袭来,随时随地都可以发生,或表达思想、或抒发感情、或表现志趣……能够及时地满足人们精神生活的需要。诗词曲联的欣赏,可以丰富人们的情感世界,净化人们的灵魂,提高人们的审美情趣;可以丰富和提高人们的想象力,改善人们的思维品质,提升人们的创造能力;可以提高人们的遣词造句能力,强化人们的语言运用能力。

一、诗

诗歌是长于抒情的一种文学体裁,是想象与联想的产物,它凭借形象和意境将人们的形象思维活动引向无穷的空间,从而强化人的创造性思维能力。汉语诗歌是十分优美的语言艺术,尤其是合辙押韵的古典诗歌,读来音韵铿锵,和谐悦耳,加之汉字和汉语词语本身具有形象唤起性,很容易将人们带入一种意境。因此,汉语诗歌备受世界各国,尤其是亚洲近邻国家人们的普遍喜爱。

看微课

诗之美

(一) 律诗与格律

律诗起源于南北朝,成熟于唐朝初年,因其写作时有一定的格律要求而得名。那么,什么是诗词格律呢? 诗词格律是指诗、词、曲、赋等汉语文学样式创作时,在字数、句数、对仗、平仄、押韵等方面所遵循的格式和规律。"格"在这里的意思是格式,"律"在这里是指每句最后一个字押韵的规律。

什么是押韵呢? 韵是诗词格律的基本要素之一。诗词中所谓的韵,大致相当于今天汉语拼音中的韵母。一个汉字用拼音字母拼起来,一般由声母和韵母两部分构成,其中必有韵母。例如"通"字拼成 tōng,其中 t 是声母,ōng 是韵母。声母在前面,韵母在后面。凡是韵母相同的字就是同韵字,如"东"(dōng)、"同"(tóng)、"隆"(lóng)、"宗"(zōng)这几个字的韵母都是 ong,所以它们是同韵字。所谓押韵,就是把同韵的两个或更多的字放在不同句子中的同一位置上。

律诗的格律要求是:

(1) 每首诗由八句构成,分为四联,一、二两句为首联,三、四两句为颔联,

五、六两句为颈联,七、八两句为尾联。每联上句为出句,下句为对句。其中的额联和颈联必须对仗,首联和尾联可对可不对;各联对句须押韵,首联出句可押可不押。

(2) 五言律诗规定每句五字,全首共 40 字;七言律诗规定每句七字,全首共 56 字。

(3) 每句的句式和字的平仄都有规定,讲究粘和对。

(4) 每首中对仗联可以多到三联,也可以少到一联。

在律诗的格律中,还有两个概念需要了解一下。一是对仗,二是平仄。

所谓对仗,就是把字数相等、句子结构相同,且相应位置上词性相同、词义相对、相辅相成或相反的两个句子放在一起,使其形式上互相映衬,内容上互相补充的一种修辞手法。例如,"信念产生力量,意志成就梦想"(黄高才撰联)两个句子字数相等、结构相同、相应位置上的词性相同,两句话的意思相互补充、相辅相成,这就是一组广泛意义上的对仗句。

对仗即对偶,都是两句相对,上句叫出句,下句叫对句。律诗的对仗规则主要有两条:一是出句和对句的平仄是相对立的;二是出句的字和对句的字不能重复。

再说平仄。现代汉语字的音节有四个声调——阴、阳、上、去,这是大家都知道的。和现代汉语字的音节相似,古代汉语中字的音节也有四个声调,这四个声调和今天普通话的声调种类不完全一样,它们分别是:平声(这个声调大体相当于现代汉语中的阴平和阳平两声)、上声(这个声调到后来有一部分变为去声)、去声(这个声调到后来仍是去声)和入声(这个声调是一个短促的调子)。诗词声律中所讲的平仄,大致情况是:"平"指四声中的平声,对应的是现代汉语中的阴平、阳平二声;"仄"指四声中的仄声,包括古汉语中的上、去、入三个声调,对应的是现代汉语的上、去两声。在诗词中,一个简单的判断要诀是"不平就是仄"。

在律诗的对仗中,出句的平仄和对句的平仄必须是相反的,这叫做对。下联出句的平仄和上联对句前面几个字的平仄必须是相同的,这叫做粘。值得注意的是,相粘的意思本来是相同,但是由于用以仄声结尾的奇数句来粘以平声结尾的偶数句,就只能做到头粘尾不粘。例如,刘禹锡的《酬乐天扬州初逢席上见赠》这首律诗:

> 巴山楚水凄凉地, (平平仄仄平平仄)
>
> 二十三年弃置身。 (仄仄平平仄仄平)
>
> 怀旧空吟闻笛赋, (仄仄平平平仄仄)
>
> 到乡翻似烂柯人。 (平平仄仄仄平平)
>
> 沉舟侧畔千帆过, (平平仄仄平平仄)

病树前头万木春。 （仄仄平平仄仄平）

今日听君歌一曲， （仄仄平平平仄仄）

暂凭杯酒长精神。 （平平仄仄仄平平）

这首诗首联出句的平仄和对句的平仄是相反的,这就是对;颔联出句前四个字的平仄和首联对句前四个字的平仄是相同的,这就是粘。

平仄在诗词中交错的规律大致可以概括为两句话:一是平仄在本句中是交替的;二是平仄在对句中是对立的。如毛泽东《长征》诗的第五、六两句:

金沙水拍云崖暖， （平平仄仄平平仄）

大渡桥横铁索寒。 （仄仄平平仄仄平）

就本句来说,每两个字一个节奏。平起句平平后面跟着的是仄仄,仄仄后面跟着的是平平,最后一个又是仄。仄起句仄仄后面跟着的是平平,平平后面跟着的是仄仄,最后一个又是平。这就是交替。就对句来说,"金沙"对"大渡",是平平对仄仄,"水拍"对"桥横",是仄仄对平平,"云崖"对"铁索",是平平对仄仄,"暖"对"寒",是仄对平。这就是对立。

律诗的分类比较简单:按每句字数的多少来分,可分为五言律诗和七言律诗,其中的"言"是指一个汉字;按句数的多少来分,可分为全诗为八句的一般律诗和排律(也称长律)——排律是遵循律诗的格律加以铺排而写的一种特殊的律诗,每首至少十句,多的还有长至百句者。除首尾两联外,中间各联都需对仗。排律也可隔句相对,称为扇对。

律诗这种诗体,充分利用了汉语字词音形的特点,不仅使诗歌的形象与意境性更强,而且使其读起来更加和谐悦耳,感染力更强。

山 居 秋 暝

唐·王维

空山新雨后,天气晚来秋。

明月松间照,清泉石上流。

竹喧归浣女,莲动下渔舟。

随意春芳歇,王孙自可留。

这首五言律诗四联的对句句尾押韵(隔句押韵),颔联和颈联采用对仗辞格。颔联"明月松间照,清泉石上流"两句描绘了一种清新、净美的意境,颈联"竹喧归浣女,莲动下渔舟"塑造了跃然纸上的诗歌形象,读来让人进入到一种美妙的精神境界。

登 岳 阳 楼

唐·杜甫

昔闻洞庭水,今上岳阳楼。

吴楚东南坼,乾坤日夜浮。

亲朋无一字,老病有孤舟。

戎马关山北,凭轩涕泗流。

这首七言律诗首、颔、颈三联对仗,四个对句押韵。在这首诗中,"昔闻洞庭水,今上岳阳楼"两句的背后有一个登楼者的形象;"戎马关山北,凭轩涕泗流"两句背后是一个扶栏远望而伤感者的形象。

相关链接

近体诗,又称今体诗或格律诗,是中国古代讲究平仄、对仗和押韵的一种诗体。近体诗这一名称是唐代提出来的,当时人们为了区别唐代普遍流行的格律诗体(讲究格律)和古体诗(不讲究格律)而命名,是唐代形成的律诗和绝句的通称。

古体诗,又叫古风,是中国古代形式比较自由,不受格律束缚的诗歌的统称。 中国先秦时代四言诗比较流行,两汉魏晋时期五言和七言流行。唐代以后,四言诗已经很少见了,但五言和七言两类古体诗依然流行。五言古体诗简称五古,七言古体诗简称七古,其中三五七言兼用者,一般归入七古之列。

(二) 绝句

讲绝句之前,先解释一下"五古"和"七古",一直以来人们认为"绝句是从五言短古和七言短歌变化而来的",这一说法虽然不完全正确,但五言绝句和七言绝句的产生与"五古"和"七古"之间确实存在着一定的渊源。

由于汉字一字一音,五字句和七字句最能体现其节奏与韵律,因此,古体诗中的五言诗和七言诗居多。五言古诗最早产生于汉代,汉代的《古诗十九首》都是五言诗。汉代以后,五言古诗也一直处于兴盛的状态,南北朝时的诗大都是五言的,唐代及其以后的古体诗中五言的也比较多。七言古诗在唐代以前数量不及五言古诗,但到了唐代,七言古诗大量出现。

五言诗和七言诗之所以能够成为古体诗的主流样式,关键在于它们能够使古汉语单音节词组合的节奏、平仄的呼应关系得到最佳的表现。因此,新体诗出现后,五言和七言依然占据着主要地位。由于绝句这种形式短小,便于即兴,灵感袭来时,信手可成,同时短小中又能将情感或思想表达清楚,所以成为格律诗的两大形式之一。

绝句起源于两汉,成长于魏晋南北朝,到唐代发展成熟,达到创作的鼎盛时期,并且昌盛至宋代。绝句和律诗是近体诗的两种主要形式。绝句讲究格律,每首四句,通常有五言、七言两种,简称五绝、七绝。绝句和律诗的区别主要在句数上。绝句共有四句,律诗共有八句。

律绝跟律诗一样,依照律句的平仄,讲究粘对和押韵。绝句的押韵有两条规则:一是一、二、四句押韵,第三句不押韵。

下 江 陵
李 白

朝辞白帝彩云间,千里江陵一日还。

两岸猿声啼不住,轻舟已过万重山。

二是韵尾相同的字都可押韵。在汉语拼音中,a、e、o的前面可能还有i、u、ü,如ia、ua/iang、uang/iong、ueng等,这里的i、u、ü 叫做韵头,韵头不同但韵尾相同的字也算是同韵字,也可以押韵。

四时田园杂兴
范成大

昼出耘田夜绩麻(má),村庄儿女各当家(jiā)。

童孙未解供耕织,也傍桑阴学种瓜(guā)。

"麻""家""瓜"的韵母分别是á、iā、uā,韵母虽不完全相同,但它们是同韵字,押起韵来也同样很和谐。

由于时代的变迁,有些字的读音发生了较大的变化,使用这些字的诗句按今天的读音读起来就不押韵了,必须按原来的音来读。

山 行
杜 牧

远上寒山石径斜(xié),白云生处有人家(jiā)。

停车坐爱枫林晚,霜叶红于二月花(huā)。

xié 和 jiā、huā 不是同韵字,但是,唐代"斜"字读 xiá,和现代上海"斜"字的读音一样。因此,这首诗当初音韵是十分和谐的。

绝句虽然只有四句,但充分发挥了汉语字词内涵丰富、表现力极强的特长,不仅在形象塑造、意境描绘方面有独到之处,而且在思想表现方面也毫不损色。

春 晓
唐·孟浩然

春眠不觉晓,处处闻啼鸟。

夜来风雨声,花落知多少。

《春晓》这首诗描绘了春天的早晨,春光明媚、鸟语花香的情景,意境十分优美。诗的前两句写诗人因春宵梦酣,一觉睡到大天亮,醒来时屋外鸟语声声。在鸟语的背后是什么呢? 春光明媚,花香宜人。诗的三、四句通过联想点出了

"花"香:昨夜的一阵春风,把庭院里盛开的花儿摇落了多少呢? 经过昨夜的轻风细雨,这个清晨该是多么的清新,清新中有鸟语花香,该是多么令人神往。

杂　诗

唐·王维

君自故乡来,应知故乡事。

来日绮窗前,寒梅著花未。

这首诗中有两个栩栩如生的人物形象。一个是诗中的抒情主人——他久在异乡,突然遇上来自故乡的人,强烈的思乡情使他急欲了解故乡的情况。全诗以不加修饰的记言,将抒情主人公在特定情形下的感情、心理、神态、口吻等表现得栩栩如生,使其形象呼之欲出。

登鹳雀楼

唐·王之涣

白日依山尽,黄河入海流。

欲穷千里目,更上一层楼。

在这首诗中,"欲穷千里目"一句写诗人想看得更远,看到目光所能达到的地方。怎样才能看得更远,那就要站得更高一些,即"更上一层楼"。这两句诗之所以成为千古传诵的名句,不仅在于表现了诗人不断进取的精神、高瞻远瞩的胸襟,而且揭示了人生的哲理。

(三) 古体诗

古体诗是一种形式比较自由,不受格律束缚的诗体。古体诗是与近体诗相对而言的诗体。在近体诗形成前,除楚辞外的各种诗歌体裁统称古体诗。古体诗格律自由,不拘对仗、平仄,押韵较宽,篇幅长短不限;从诗句的字数看,有所谓四言诗、五言诗、七言诗和杂言体。

四言是四个字一句,五言是五个字一句,七言是七个字一句。唐代以后,四言诗很少见了,所以通常只分五言、七言两类,杂言一般也归入七言。

五言和七言古体诗比较多,简称"五古""七古"。五言古诗最早产生于汉代,《古诗十九首》中收录的都是五言古诗。汉代以后,写五言古诗的人更多,南北朝时的诗大都是五言的,唐代及其以后的古体诗中五言的也较多。七古在唐代以前不如五古多见。到了唐代,七古大量出现,唐人将其称为长句。

杂言诗也是古体诗所独有的一个类型。诗句长短不齐,一般为三、四、五、七言相杂,而以七言为主,因此,一般将其归入七古一类。《诗经》和汉乐府民歌中杂言诗较多。唐宋时代的杂言诗形式多样,有七言中杂五言的,如李白的《行路难》;有七言中杂三、五言的,如李白的《将进酒》;有七言中杂二、三、四、五言甚至十言以上的,如杜甫的《茅屋为秋风所破歌》;有以四、六、八言为主,杂以五、七言的,如李白的《蜀道难》。

古体诗和近体诗在句法、用韵、平仄上都有所区别,具体表现在以下三个方面:

一是从句法方面看:古体每句字数不定,四言、五言、六言、七言乃至杂言(句子参差不齐)都有;每首的句数也不定,少则两句,多则几十、几百句。近体只有五言、七言两种,律诗规定为八句,绝句规定为四句,多于八句的为排律,也叫长律。

二是从用韵方面看:古体每首可用一个韵,也可以用两个或两个以上的韵,允许换韵;近体每首只能用一个韵,即使是长达数十句的排律也不能换韵。古体可以在偶数句押韵,也可以奇数句偶数句都押韵。近体只在偶数句押韵,除了第一句可押可不押(以平声收尾则押韵,以仄声收尾则不押韵。五言多不押,七言多押),其余的奇数句都不能押韵;古体可用平声韵,也可用仄声韵;近体一般只用平声韵。

三是从平仄方面看:古体和近体的最大区别是古体不讲平仄,而近体讲究平仄。唐以后,古体虽也有讲究平仄的,但未成格律,可以不遵守。

古体诗相对于律诗而言,语言更加舒展和自由,形象和意境创造更加丰富多样,思想和感情表达更加灵活。

秋登兰山寄张五

唐·孟浩然

北山白云里,隐者自怡悦。

相望始登高,心随雁飞灭。

愁因薄暮起,兴是清秋发。

时见归村人,沙行渡头歇。

天边树若荠,江畔洲如月。

何当载酒来,共醉重阳节。

这首诗中的三、四两句写主人公因为思念友人而登山远望,但没有望见友人,只见北雁南飞。于是,诗人的心随着鸿雁飞去,把思念寄向遥远的天边。这两句诗既写景,又抒情,情景交融,将主人公的形象描绘得十分鲜明。

登幽州台歌

唐·陈子昂

前不见古人,后不见来者。

念天地之悠悠,独怆然而涕下。

"念天地之悠悠,独怆然而涕下"两句由眼前景产生联想——宇宙广阔无垠,时间无限,而人生却十分短暂,以有限的人生面对着无穷的宇宙,自然会浮想联翩。当想到自己徒有抱负、枉有才华而无处施展时,就更加忧愤、郁闷,不由得流下了眼泪。

渔　翁

唐·柳宗元

渔翁夜傍西岩宿,晓汲清湘燃楚竹。

烟销日出不见人,欸乃一声山水绿。

回看天际下中流,岩上无心云相逐。

回头一望,水天相接,茫无际涯,只见渔翁驾着船行到江心,船之轻快以山巅上白云的迅速移动衬出,意境显得十分博大、清新。这两句诗不仅意境优美、形象生动,而且含蓄蕴藉,给人以丰富的想象。

(四) 乐府诗

乐府原本是自秦代始设立的配置乐曲、训练乐工和采集民歌的专门官署。今天所看到的汉乐府诗就是由汉代乐府机关所采制的诗歌。这些诗,原本在民间流传,后由乐府机关采集和保存下来,汉人称其为"歌诗"。

到魏晋六朝时,乐府这一名词开始作为一种带有音乐性的诗体的名称,即继《诗经》《楚辞》之后,在汉魏六朝文学史上出现的一种能够配乐歌唱的新诗体,人们将这种诗体叫做"乐府"。因为汉代的"歌诗"也可以配乐歌唱,所以就被称为"汉乐府"。后世文人仿此形式所作的诗,亦称"乐府诗"。

汉乐府是继《诗经》之后,古代民歌的又一次大汇集,它开创了诗歌现实主义的新风,用通俗的语言创作贴近生活的作品,由杂言渐趋向五言,采用叙事写法,刻画人物细致入微,创造人物性格鲜明,故事情节较为完整,而且能突出思想内涵,着重描绘典型细节,开拓了叙事诗发展成熟的新阶段。汉乐府在文学史上有极高的地位,它与诗经、楚辞可鼎足而立。

《陌上桑》和《孔雀东南飞》都是汉乐府民歌。《孔雀东南飞》是我国古代最长的叙事诗。《孔雀东南飞》与《木兰诗》合称"乐府双璧"。汉代《孔雀东南飞》、北朝《木兰诗》和唐代韦庄《秦妇吟》并称"乐府三绝"。

两汉乐府诗最大的特点是创作者有感而发,其内容大多产生于日常生活中的具体事件,表现的多是人们普遍关心的问题,反映了那个时代人们的苦与乐、爱与恨,以及人生态度等,生活气息十分浓厚。

江　南

江南可采莲,莲叶何田田,鱼戏莲叶间。鱼戏莲叶东,鱼戏莲叶西,鱼戏莲叶南,鱼戏莲叶北。

这首民歌以简洁明快的语言,勾勒了一幅清新美妙的画卷。一望无际的碧绿的莲叶,莲叶下自由自在、欢快戏耍的鱼儿——一派秀丽的江南风光!诗中虽没有一字是写人的,但我们仿佛听到了采莲人的欢声笑语,感受到采莲人

内心的欢乐和青年男女之间的欢愉和甜蜜。

由于乐府这种诗歌形式可以和乐歌唱,自然清新,生活气息浓厚,因此在唐代又有了新的发展,唐代的人们在原有乐府旧题的基础上又自立了一些新题创作乐府诗——这类乐府诗被称作新乐府。初唐乐府诗,多袭用乐府旧题,但已有少数另立新题。这类新题乐府,至杜甫而大有发展,"即事名篇,无所依傍"。元结、韦应物、戴叔伦、顾况等也都有新题乐府之作。他们可说是新乐府运动的先驱。

新乐府运动是由唐代诗人白居易、元稹等所倡导的一场诗歌革新运动。新乐府运动的基本宗旨是"文章合为时而著,歌诗合为事而作"(白居易《与元九书》),主张恢复古代的采诗制度,发扬《诗经》和汉魏乐府讽喻时事的传统。作为诗歌运动,新乐府的创作并不限于写新题乐府,也有古题乐府。但虽用古题,却能创新意,体现了诗歌革新的方向。新乐府诗的特点是:自创新题,咏写时事,体现了汉乐府的现实主义精神。大家所熟知的白居易的新乐府诗《卖炭翁》和《观刈麦》就充分表现了这种精神。

二、词

词,又叫曲子词、长短句、诗余,是配合乐曲而填写的一种歌诗,即一种独特的诗歌形式。诗和词都属于韵文的范围,二者所不同的是:诗只供吟咏,词则可以入乐而歌唱。词这种诗歌形式充分利用了汉语音韵美的特点,将表达思想的文字和音乐结合在一起,集音乐美、意境美和情感美等诸美于一身。

看微课

词之美

在所有的文学种类中,词是最富于音乐性的,它以和谐的音律、明快的节奏将汉语的魅力完美地体现出来,使人们在唱诵中自然而然地进入到其所描绘的情境当中,从而获得真切的情感体验和强烈的美感享受。

(一) 词的特点

词是诗的别体,源于南梁时代,兴起于唐代,经过晚唐、五代的发展,至宋代完全成熟,并进入了创作的全盛时期,因此,世有"唐诗宋词汉文章"之说。由于词一产生就与音乐紧密地联系着,所以词又被称作"乐府"。每首词都有一个调名,叫做"词牌",依调填词叫"依声",所以词也被称作"倚声"。词的句式有长有短,参差错落,短则一个字,长则可达十余字,因此,又有人把词叫"长短句""诗余"等。与诗歌相比较,词具有以下几个特点。

(1) 每首词都有一个调名,即词牌。如《菩萨蛮》《水调歌头》《沁园春》等,这种调名一般称为词调。词调表明这首词写作时所依据的曲调乐谱,并不是词的题目。每个词调都是"调有定句,句有定字,字有定声",并且各不相同。到了宋代,有些词人为了表明词意,常在词调下面另加题目。词牌与题目间用间隔号(·)隔开,如《水调歌头·明月几时有》。

(2) 词一般都分两段,分别叫做上下片或上下阕,极少有不分段或分两阕(片)以上的。一首词有的只分一段,称为单调;有的分两段,称双调;有的分三段或四段,称三叠或四叠。

(3) 一般词调的字数和句子的长短都是固定的,有一定的格式。一般上下阕(片)的词句一一相对。

(4) 词的句式参差不齐,基本上是长短句。

(5) 词中声韵的规定特别严格,用字要分平仄,每个词调的平仄都有规定,各不相同。诗基本上是偶句押韵的,词的韵位则是依据曲度,即音乐上的停顿决定的。每个词调的音乐节奏不同,韵位也就不同。

(6) 字声配合严密。词的字声组织变化很多,有些词调还需分辨四声和阴阳。作词要审音用字,以文字的声调来配合乐谱的声调,以求协律好听。

但早期的词是和着曲子写的,有时不符合上述规律。

(二) 词的分类

词一般按字数分为小令、中调和长调三种。清·毛先舒在其《填词名解》中作了明确的划分:58 字以内为小令,59 到 90 字为中调,91 字以上为长调,最长的词达 240 字。这一分法相对来说是比较合理的。

1. 小令

小令是词中最早出现的一种,在五代时期已经盛行,那时还没有慢词,北宋庆历年间翰林学士聂冠卿的《多丽》是今天能见到的最早的慢词佳作,而第一个大量填作慢词的是柳永。直接标以 "令" 的词牌有《三字令》《调笑令》《十六字令》《采莲令》《留春令》《如梦令》等。

从整体结构来看,小令有的单片,有的双片,有的多片,其中多片的较为少见。从词句来看,小令有齐句,有长短句。

忆 江 南
唐·白居易

江南好,风景旧曾谙。日出江花红胜火,春来江水绿如蓝。能不忆江南?

这首小令为单片结构,语言朴素、明朗,格调欢快,表现了诗人对江南风光的无限热爱与眷恋。

采桑子·群芳过后西湖好
宋·欧阳修

群芳过后西湖好,狼籍残红,飞絮濛濛。垂柳阑干尽日风。

笙歌散尽游人去,始觉春空。垂下帘栊。双燕归来细雨中。

这首小令为双片结构,通篇写景,字里行间委婉地显露出作者的旷达胸怀和恬淡心境。此词表现出作者独特的审美眼光——写西湖美景,动静交错,以动显静,意脉贯串,层次井然,意境清新优美。

如梦令·门外绿阴千顷

宋·曹组

门外绿阴千顷,两两黄鹂相应。睡起不胜情,行到碧梧金井。人静,人静,风弄一庭花影。

这首词的末三句从所见所感写出了词人的所思,言简而意深。"人静,人静,风弄一庭花影",采用以动衬静的手法。此时此地,没有他人,即所谓"人静"也;复叠"人静"二字,一再言之,将寂寞难耐之状活灵活现地表现出来。末一句"风弄一庭花影",疑有人来,但仔细看时,只是"风动花影"而已,这里的一"动",更显其"静"。

2. 中调

中调是词调体式之一。因其篇幅长短适中,故称为中调。词的分类中,通常以五十九字至九十字为中调,如《破阵子》《渔家傲》等。

相对于小令来讲,中调字数较多,可以铺排、渲染,既可以塑造更加鲜明的形象、描绘更加壮美的景象,也可以表现更加复杂的思想与情感。

苏幕遮·碧云天

宋·范仲淹

碧云天,黄叶地,秋色连波,波上寒烟翠。山映斜阳天接水。芳草无情,更在斜阳外。

黯乡魂,追旅思,夜夜除非,好梦留人睡。明月楼高休独倚,酒入愁肠,化作相思泪。

这首词上片写景:"碧云天,黄叶地"二句上仰天,下观地,意境高远;"秋色连波"二句写秋色与秋波相连于天边,而依偎着秋波的则是空翠而略带寒意的秋烟。这里,碧云、黄叶、绿波、翠烟,构成一幅色彩斑斓的画面。"山映斜阳"句又将青山摄入画面,并使天、地、山、水融为一体,交相辉映。

蝶恋花·出塞

清·纳兰性德

今古河山无定据。画角声中,牧马频来去。满目荒凉谁可语?西风吹老丹枫树。

从前幽怨应无数。铁马金戈,青冢黄昏路。一往情深深几许?深山夕照深秋雨。

这首词的标题为《出塞》,是诗人到关外巡察时的作品。他翘首远望,满目荒凉,于是想到古往今来兴亡盛衰的情景。从画角悲鸣、战骑来往的景象中深深感到,谁也不能永久地占住河山,永葆富贵。每一个王朝,也都是来去匆匆,就像塞外的牧马飘忽、丹枫易老一样。接着,他从自己的出塞,联想到汉代昭君出塞的情景,觉得自己空有铁马金戈,气吞万里如虎的气概,但最终也会和王昭君一样,"独留青冢向黄昏"而已。诗人的目光,纵横百里;诗人的思路,上下千年。词的意境悲壮阔大。

3. 长调

长调,词调体式之一,指词调中的长曲。词的分类中,以九十一字以上者为长调。如"满江红""水调歌头""念奴娇""水龙吟""雨霖铃""永遇乐""沁园春"等。长调最长的在二百字以上。例如《啼莺序》有二百四十字,这是已知的最长的长调。

词中的长调篇幅较长,既可以表现更加壮阔的现实景象,也利于作者放飞思绪,纵横联想。

水龙吟·登建康赏心亭
宋·辛弃疾

楚天千里清秋,水随天去秋无际。遥岑远目,献愁供恨,玉簪螺髻(jì)。落日楼头,断鸿声里,江南游子。把吴钩看了,栏杆拍遍,无人会,登临意。

休说鲈鱼堪脍,尽西风,季鹰归未?求田问舍,怕应羞见,刘郎才气。可惜流年,忧愁风雨,树犹如此!倩何人唤取,红巾翠袖,揾英雄泪!

这首词上片大段写景,由水写到山,由无情之景写到有情之景,很有层次。开头两句"楚天千里清秋,水随天去秋无际",是作者在赏心亭上所见的景色。楚天千里,辽远空阔,秋色无边无际。大江流向天边,也不知何处是它的尽头。遥远天际,天水交融,气象阔大,笔力遒劲。

贺新郎·端午
宋·刘克庄

深院榴花吐。画帘开、綀衣纨扇,午风清暑。儿女纷纷夸结束,新样钗符艾虎。早已有、游人观渡。老大逢场慵作戏,任陌头、年少争旗鼓,溪雨急,浪花舞。

灵均标致高如许。忆生平、既纫兰佩,更怀椒醑。谁信骚魂千载后,波底垂涎角黍,又说是、蛟馋龙怒。把似而今醒到了,料当年、醉死差无苦。聊一笑、吊千古。

这首词为端午节吊古之作,咏端午节的风俗人情。提起端午节自然联想到屈原,词人托屈原之事,抒自己的怨愤之情。上片开头写石榴花开,点明季节。接着写自己的清闲自在,实质却有"闲愁最苦"的意味。"任陌头"几句描绘年轻人争渡的场面,动态感很强。下片赞颂屈原的品格,对端午节民众投粽的民俗予以批评,认为是对屈原的愚弄,有举世皆浊我独醒之慨。"把似"两句忧愤尤深,设想屈原今日觉醒,真不知作何感想。与其清醒而苦恼,还不如"醉死差无苦"。

(三) 词牌

词牌是词的调子的名称,不同的词牌在总句数、句数,每句的字数、平仄上都有规定。词的格式和律诗的格式不同:律诗只有四种格式,而词总共有一千多个格式,这些格式称为词谱。为了区别的方便,人们给这些词谱都起了名字,这些名字就是词牌。词牌的来源,大约有下面三种情况:

1. 本来是乐曲的名称

例如《菩萨蛮》,原本就是唐教坊曲,后用为词牌。唐宣宗(李忱)大中年间,女蛮国派遣使者进贡,使者们梳着高髻,戴着金冠,满身璎珞(璎珞是身上佩挂的珠宝),很像菩萨。当时教坊就因此制成《菩萨蛮曲》,后来《菩萨蛮》成了词牌名。

2. 摘取一首词中的几个字作为词牌

例如《忆秦娥》,因为依照这个格式写出的最初一首词开头两句是"箫声咽,秦娥梦断秦楼月",所以词牌就叫《忆秦娥》,又叫《秦楼月》。

3. 本来就是词的题目

如《踏歌词》咏的是舞蹈,《舞马词》咏的是舞马,《渔歌子》咏的是打鱼,这种情况是最普遍的。凡是词牌下面注明"本意"的,词牌同时也是词题,不再另有题目。但是,绝大多数的词都是不用"本意"的,因此,词牌之外还有词题。一般是在词牌下面用较小的字注出词题。在这种情况下,词题和词牌不发生任何关系。这时,词牌只不过是词谱罢了。

(四) 词的结构

从结构上来看,词有单调、双调、三叠、四叠的分别。

1. 单调的词往往就是一首小令

它很像一首诗,只不过是长短句罢了。

如 梦 令

宋·李清照

昨夜雨疏风骤,

浓睡不消残酒。

试问卷帘人,

却道海棠依旧。

知否? 知否?

应是绿肥红瘦!

2. 双调的词有的是小令,有的是中调或长调

双调就是把一首词分为前后两阕。两阕的字数相等或基本上相等,平仄也相同。这样,字数相等的就像一首曲谱配着两段歌词。不相等的,一般是开头的两三句字数不同或平仄不同,叫做"换头"。双调是词中最常见的形式。

踏莎行·郴州旅舍
宋·秦观

雾失楼台,月迷津渡,桃源望断无寻处。

可堪孤馆闭春寒;杜鹃声里斜阳暮。

驿寄梅花,鱼传尺素,砌成此恨无重数。

郴江幸自绕郴山,为谁流下潇湘去?

看微课

曲之美

三、曲

曲是继诗、词之后兴起的一种文学体裁。曲这种文学样式也是以汉字为基础的中国独有的文学体裁,它把汉语的音韵魅力发挥到了极致。曲大致分为两种:一种是进入戏剧的唱词,即戏曲,或称剧曲;另一种是散曲,这是一种广义的诗歌。这里只讲散曲。

与诗词相比,散曲所表现的内容更加广泛,叙事性更强,形象更加多样,情境更加接近生活,语言更加通俗和口语化,更易引起人的想象和联想。研读曲子,对语言能力的发展、想象和联想能力的提升,以及思想的丰富等都有显著的促进作用。

(一) 散曲的特点

散曲是在唐、宋诗词的基础上发展起来的一种依据曲调写的唱词,跟词的体制很相近。曲这种文学样式大兴于元代,所以在中国文学史上把唐诗、宋词和元曲并称。下面从衬字、声韵、语言、题材四个方面谈一谈曲与词的区别,即曲的特点。

1. 可以有衬字

为了加强曲调的声情,或出于语意上的需要,或出于唱腔上的需要,曲的句子在曲谱规定的字数以外允许增添一些字,增添的字就叫衬字。

曲中的小令或套曲,都属于一定的宫调。每支曲子都有一个曲调,也就是曲牌。每个曲牌的字数、句式、平仄、押韵,都有规定。因此,写曲要根据曲牌的规定填写,这同写词要根据词牌的规定填写一样。但是,曲和词有一个明显的区别,就是词一般不能随意增加衬字,曲可以有衬字。

越调·天净沙·秋思

马致远

枯藤老树昏鸦,小桥流水人家,

古道西风瘦马,夕阳西下,断肠人在天涯。

越调·天净沙

严忠济

宁可少活十年,休得一日无权。

大丈夫时乖命蹇,有朝一日天随人愿,

赛田文养客三千。

上面第一首没有衬字,第二首有三句加了衬字。这种情况,在词中是不会有的。衬字可加在句首,也可加在句中或句末;可以是虚词,也可以是实词;不拘平仄,不限多少;哪些句子可用衬字,没有程式。一般说来,小令衬字少,套曲衬字多;南曲衬字少,北曲衬字多。

2. 用韵灵活

散曲格律虽然比诗词更为严密,但是押韵比较灵活,可以平仄通压,给作者提供了更大的运用语言的自由度。与此同时,散曲用韵较密,一般是句句押韵。诗词是忌重韵的,曲不忌重韵,每首曲中,可以有两个以上相同的韵脚。

3. 语言通俗、浅显

曲的语言比较通俗、浅显、自然,接近口语,不避俗语方言,而以逼真和尽情为要,这就大大增加了诗歌语言的形象性和生动性,引人入胜。

4. 句式丰富多样

散曲句式比词更为丰富多样,有少到一字二字成句的,也有长达二三十字一句的,这在词中颇为罕见。在语言方面,既需要遵循一定的格律,又吸收了口语自由灵活的特点,既能唱,又易懂。

5. 题材较为宽广

词、曲和其他文学作品一样,题材来源于社会生活,是作者对生活素材经过选择提炼加工的结果。由于词和曲是两种不同形式的文体,加之历史的和社会的原因等,曲的题材和词的题材也各有不同。词比较窄,曲却十分宽。词所反映的社会生活面受到一定的局限,而曲却可以反映广阔的社会生活,不受任何限制。散曲的这些特点,可以使诗歌进一步口语化,平仄、用韵,既有规范,又有伸缩余地。如果驱遣得当,用来抒情叙事,可以收到亦庄亦谐、曲尽其妙的艺术效果。

正宫·白鹤子

关汉卿

四时春富贵,万物酒风流。

澄澄水如蓝,灼灼花如绣。

双调·潘妃曲

商 挺

绿柳青青和风荡,桃李争先放。

紫燕忙,队队衔泥戏雕梁。

柳丝黄,堪画在帏屏上。

双调·拔不断

马致远

浙江亭,看潮生,潮来潮去原无定。

惟有西山万古青。

子陵一钓多高兴,闹中取静。

(二) 散曲的分类

散曲分为小令、套数和带过曲三种形式。一首单独成篇的叫小令,三首(不少于三首)或三首以上联成一套的叫套曲,二首或三首(不超过三首)构成一个整体的叫带过曲。

1. 小令

小令,又叫"叶儿",既是散曲的一种形式,也是散曲体制的基本单位,通常以一支曲子为独立单位。小令按不同的曲调创作,相当于一首单调的词。它的特点是形式短小精悍、语言通俗精炼、写景自然生动、抒情自由活泼。单片只曲、调短字少是其最基本的特征。如马致远的《天净沙·秋思》。

小令以描写为主,大多意境优美,比起唐、宋诗词要通俗一些,具有一种独特的风格与精神。

黄钟·节节高

元·卢挚

雨晴云散,满江明月。风微浪息,扁舟一叶。半夜心,三生梦,万里别,闷倚篷窗睡些。

这首小令由描绘情境入手,继而引出人物形象,意境清新高远,人物形象血肉丰满。

宫调不明·丰年乐

元·乔吉

世路艰难鬓毛斑,好古退闲。白云归山,鸟知还,想起来连云栈。不如磻溪岸,垂钓竿。

这首小令塑造了一个有心归隐,但又不甘蹉跎岁月的士者形象,句句景,字字情,情景交融,思想蕴含深厚。

仙吕·后庭花

吕止庵

孤身万里游,寸心千古愁。霜落吴江冷,云高楚甸秋。认归舟,风帆无数,斜阳独倚楼。

这首小令塑造了一个游子的形象,他孤身在外,思乡愁绪万千,每次看见江上的风帆,总会联想到妻子夕阳中倚楼远望,盼望丈夫归来的情景。

正宫·双鸳鸯

王恽

驿尘红,荔枝风,吹断繁华一梦空。玉辇不来宫殿闭,青山依旧御墙中。

这首小令音韵和谐优美,形象和意境深度交织,能够把人的思维带进多个不同的想象空间。

2. 套曲

若干支曲牌联合成套,称为套数,今人称套曲。套曲是从唐宋大曲,宋金诸宫调发展而来。

套数有一定的组合方法,即取宫调相同或宫调不同但可以相通的若干曲牌,联合成套。把同一宫调的若干支不同曲牌的曲子连缀在一起,少则数首,多则十几首,甚至几十首,构成一个大的整体。这些连缀的曲子可根据需要在同一宫调中进行选择,但需要按一定的顺序排列,前有引子,后有尾声,中间缀以若干支曲牌,而且一韵到底,且末了都用"煞调"和"尾声"结束。

一套之中,各曲排列的先后顺序亦有定格,大抵慢曲(八拍子、四拍子)在前,急曲(二拍子、一拍子)在后。这种节奏上由慢而快的变化,往往用以体现戏剧矛盾的发展变化过程。套数可长可短,长套可多达三四十曲,短套仅用三曲,视剧情内容需要而定。

套数的第一曲,常作引子使用,通常为散板曲调。北曲中各宫调的套数均有一个固定曲牌作引子,例如中吕宫引子,必为"粉蝶儿",仙吕宫必为"点绛唇"等。套数的名称亦以第一曲及所属宫调命名,如[正宫·端正好]套,[双调·新水令]套。南曲各宫调均有作引子用的曲牌若干支,可以任意选用。

套数除用于戏曲外,亦用于散曲,称为"散套"。

般涉调·耍孩儿·借马

元·马致远

(耍孩儿)近来时买得匹蒲梢骑,气命人般看承爱惜。逐宵上草料数十番,喂饲得膘息胖肥。但有些秽污却早忙刷洗,微有些辛勤便下骑。有那等无知辈,出言要借,对面难推。

(七煞)懒设设牵下槽,意迟迟背后随,气忿忿懒把鞍来鞴。我沉吟了半晌语不语,不晓事颏人知不知。他又不是不精细,道不得"他人弓莫挽,他人马休骑。"

（六煞）不骑呵西棚下凉处拴，骑时节拣地皮平处骑，将青青嫩草频频的喂。歇时节肚带松松放，怕坐的困尻包儿款款移。勤觑着鞍和辔，牢踏着宝镫，前口儿休提。

（五煞）饥时节喂些草，渴时节饮些水。着皮肤休使粗毡屈，三山骨休使鞭来打，砖瓦上休教稳着蹄。有口话你明明的记：饱时休走，饮时休驰。

（四煞）抛粪时教干处抛，撒尿时教净处尿，拴时节拣个牢固树橛上系。 路途上休要踏砖块，过水处不教践起泥。这马知人义，似云长赤兔，如翼德乌骓。

（三煞）有汗时休去檐下拴，渲时休教侵着颓，软煮料草铡底细。上坡时款把身来耸，下坡时休教走得疾。休道人忒寒碎，休教鞭颩着马眼，休教鞭擦损毛衣。

（二煞）不借时恶了弟兄，不借时反了面皮。马儿行嘱咐叮咛记：鞍心马户将伊打，刷子去刀莫作疑。则叹的一声长吁气，哀哀怨怨，切切悲悲。

（一煞）早晨间借与他，日平西盼望你，倚门专等来家内。柔肠寸寸因他断，侧耳频频听你嘶。道一声"好去"，早两泪双垂。

（尾）没道理，没道理，忒下的，忒下的！ "恰才说来的话君专记：一口气不违借与了你。"

这套曲是马致远的名作，作者通过细腻的心理刻画和生动的细节描绘，把一个爱马如命的悭吝人，写得简直到了穷形极相的地步。语言诙谐幽默，有些地方采取戏曲中旁白、背唱的手法，那是当时作品里所少有的。

3. 带过曲

带过曲是用同一宫调但不同曲牌的二支或三支不同的小令联缀在一起组成一曲，这两支或三支小令之间的音律必须衔接。带过曲一般填写到三支为止。

带过曲是同一宫调的曲牌带过另一个曲牌，带过曲的作用主要是补充词意表达上的不足。

殷勤红叶诗，冷淡黄花市。清江天水笺，白雁云烟字。（以上《雁儿落》）

游子去何之，无处寄新词。酒醒灯昏夜，窗寒梦觉时。 寻思，谈笑十年事。嗟咨，风流两鬓丝。（以上《得胜令》）（元·乔吉《雁儿落带过得胜令·忆别》）

带过曲可以用"带过"两字，如［雁儿落带过得胜令］；也可以用一个"带"字或者"过"字或者"兼"字，如［雁儿落带得胜令］［雁儿落过得胜令］［雁儿落兼得胜令］；但也有的只把几个曲牌连写在一起，如［骂玉郎感皇恩采茶歌］。带过曲有"北带过曲（北带北）""南带过曲（南带南）"以及"南北兼带"三种。

带过曲限制较严，最常见的有以下四种：

(1) 正宫：［脱布衫］带过［小梁州］。

(2) 南吕：［骂玉郎］带过［感皇恩］、［采茶歌］，［哭皇天］带过［乌夜啼］。

(3) 双调：［雁儿落］带过［得胜令］，［水仙子］带过［折桂令］。

(4) 中吕：［齐天乐］带过［红衫儿］等。

带过曲要求一韵到底,书写时曲牌一起写在前面,曲中两调中间空一个字的位置隔开。例如:

双调·雁儿落带得胜令·退隐

张养浩

云来山更佳,云去山如画,

山因云晦明,云共山高下。

倚仗立云沙,回首见山家,

野鹿眠山草,山猿戏野花。

云霞,我爱山无价,

看时,行踏,云山也爱咱。

【注】前四句是【雁儿落】,后八句是【得胜令】。

这曲带过曲由【雁儿落】和【得胜令】两支小令组成,全曲"a"韵一韵到底。

(三) 宫调和曲牌

宫调是指元曲中音乐部分的曲调模式。元曲中最常用的有五宫四调,合称"九宫"或"南北九宫",包括正宫、中吕宫、南吕宫、仙吕宫、黄钟宫(以上为五宫),大石调、双调、商调、越调(以上为四调)。

曲牌是传统填词制谱用的曲调调名的统称。曲牌,简单地说,就是词曲创作时的格律谱,每一种曲牌规定了这种曲词的句数、用韵、定格,以及每句的字数、句法和四声平仄等。

相关链接

元 杂 剧

元杂剧又称北杂剧、北曲、元曲。元曲包括元杂剧和元代散曲两个部分,13世纪后半期是元杂剧雄踞剧坛最繁盛的时期。四折一楔子的结构形式是其显著的特点之一,"一人主唱"是元杂剧的又一显著特点。

元杂剧唱与说白紧密相连,"曲白相生"。在音乐曲调方面,元杂剧以北方音乐为基础,采用的是北曲联套的形式。每一折用一个套曲,每一个套曲一般都连缀同一宫调的若干支曲牌组成。每折一个套曲,常见的是第一折用仙吕,第二折用南吕,第三折用中吕,第四折用双调。少数剧本的各折,也有使用其他宫调的。在每一宫调之内,各有数十支曲牌。曲词就是按曲牌填写,一折之中的每支曲牌都压同一韵脚,不可换韵。有时又有向其他宫调借用一支或几支曲牌的情况,称为借宫。

四、对联

对联，又称楹联，俗称对子，实质是一组表达一个完整意思的对偶句，其特点是言简意深，对仗工整，平仄协调，是一字一音的汉语言承载的独特的艺术形式。对联是中华民族的文化瑰宝，也是利用汉字特点创造的一种独特的民族文化景观。对联体制严格，要求词类相对、内容相连、声韵协调、对仗严谨。可以说，对联是锤词炼句的艺术，它把汉语的魅力发挥到了极致。

(一) 对联的特点

对联，雅称"楹联"，俗称"对子"。它言简意深，对仗工整，平仄协调，是一字一音的汉语语言所承载的独特的艺术形式。对联文字长短不一，短的仅一两个字，长的可达几百字。对联形式多样，有正对、反对、流水对、联珠对、集句对等。

不管哪一类对联，使用何种形式，都具有以下特点：

1. 字数相等，断句一致

除有意空出某字的位置以达到某种效果外，上下联字数必须相同，不多不少。如"望天空，空望天，天天有空望空天；求人难，难求人，人人逢难求人难。""天上月圆，地上月半，月月月圆逢月半；今宵年尾，明朝年头，年年年尾接年头。"

2. 平仄相合，音调和谐

传统习惯是"仄起平落"，即上联末句尾字用仄声，下联末句尾字用平声。如"由秀才封王，主持半壁旧江山，为天下读书人顿增颜色；驱外夷出境，自壁千秋新事业，语中国有志者再鼓雄风。""客中客入画中画；楼外楼看山外山。"

3. 词性相对，位置相同

一般称为"虚对虚，实对实"，就是名词对名词、动词对动词、形容词对形容词、数量词对数量词、副词对副词，而且相对的词必须在相同的位置上。如"此碑无字，万世褒贬尽书写；彼心有数，一生功过任评说。"

4. 要内容相关，上下衔接

上下联的含义必须相互衔接，但又不能重复。如"餐定军清风，铁肩担日月身刚骨正；饮汉江洌水，冰心鉴古今耳聪目明。"

此外，张挂的对联，传统作法还必须直写竖贴，自右而左，由上而下，不能颠倒。

与对联紧密相关的横批，可以说是对联的题目，也是对联的中心。好的横批在对联中可以起到画龙点睛、相互补充的作用。

（二）对联的分类

对联的分类方法很多，按用途来分，对联主要分为以下几种：

1. 名胜联

名胜联是指张贴、悬挂、雕刻于风景名胜处的对联。其内容大多为题写该名胜景观（如山水楼台、文物古迹等），或者与它密切相关（有关的人、事等）。这类对联往往成为名胜景观甚至历史文化的重要组成部分，大多意境优美，文化内涵丰富。

（1）成都望江楼崇丽阁楹联（210字）。

上联：几层楼，独撑东面峰，统近水遥山，供张画谱，聚葱岭雪，散白河烟，烘丹景霞，染青衣雾。时而诗人吊古，时而猛士筹边。最可怜花蕊飘零，早埋了春闺宝镜；枇杷寂寞，空留著绿野香坟。对此茫茫，百感交集。笑憨蝴蝶，总贪送醉梦乡中。试从绝顶高呼：问问问，这半江月谁家之物？

下联：千年事，屡换西川局，尽鸿篇巨制，装演英雄，跃岗上龙，殉坡前凤，卧关下虎，鸣井底蛙。忽然铁马金戈，忽然银笙玉笛。倒不若长歌短赋，抛撒写绮恨闲愁；曲槛回廊，消受得好风好雨。嗟予蠢蠢，四海无归。跳死猢狲，终落在乾坤套里。且向危楼附首：看看看，那一块云是我的天？

（2）庐山绝顶联。

上联：足下起祥云，到此者应带几分仙气；

下联：眼中无俗障，坐定后宜生一点禅心。

2. 哲理与警策联

哲理联是揭示一定的哲理，给人以启示或启发的对联；警策联是一种座右铭性质的对联，给人以提示、警策或激励等。

（1）无志难成易事；有心易克难关。

（2）阅谈彼短吾亦有短；靡持己长谁人无长。

（3）读有字书识无字理；说真心话做实心人。

（4）无情岁月增中减；有味诗书苦后甜。

3. 喜庆与题赠联

喜庆联是用于各种喜庆活动的对联，如春联、婚联、贺寿联等；题赠联是题赠给他人，对其人品、学识、成就等进行褒奖，或者对其进行鼓励、鞭策等的对联。

（1）和顺一门有百福；平安二字值千金。（春联）

（2）春满人间百花吐艳；福临小院四季常安。（春联）

（3）计利当计天下利；求名应求万世名。（于右任赠蒋经国）

（4）上联：常如作客，何问康宁。但使囊有余钱，瓮有余酿，釜有余粮，取数页赏心旧纸,放浪吟哦。兴要阔,皮要顽,五官灵动胜千官,过到六旬犹少。

下联:定欲成仙,空生烦恼。只令耳无俗声,眼无俗物,胸无俗事,将几枝随意新花,纵横穿插。睡得迟,起得早,一日清闲似两日,算来百岁已多。(郑燮六十自撰寿联)

4. 述怀与意趣联

抒怀联是指抒情言志的对联,常常用来表达书写者的思想感悟、理想情操等;意趣联是描绘意境,表达热爱生活情趣的对联。

(1) 充海阔天高之量;养先忧后乐之心。

(2) 每闻善事心先喜;得见奇书手自抄。

(3) 有志者事竟成破釜沉舟百二秦关终属楚;苦心人天不负卧薪尝胆三千越甲可吞吴。

(4) 风移晓月云里去,潮托旭日水中出。

(三) 对联拟写的基本要求

对联写作的基本要求是既要有"对",又要有"联"。形式上成对成双,彼此相"对";上下文的内容互相照应,紧密联系。一副对联的上联和下联,必须结构完整统一,语言鲜明简练。对联的写作要求如下:

1. 构成对仗的两个句子,字数相等,结构对称,字词的意义相对。

对联字数相等的特点曾给聪明人反用过,有一副挽袁世凯联云:

袁世凯千古;中国人民万岁!

上联中的"袁世凯"对下联中的"中国人民"是对不起来的,作者正是借意说袁世凯对不住中国人民——袁世凯复辟帝制、扼杀共和,这是千百年才见到的一副字数不相等的奇联。

2. 上下联对应的词语词性要相同

所谓词性,是指词的类别性质,如名词、动词、形容词等。上联的词性和下联的词性,按照词的先后位置,既要相同,又要相对。这种要求,主要是为了用对称的语言,更好地表现思想内容。

3. 上下联句法要一致

句法,就是语句构成的方法。一副对联中,上联是由几个字组成的,一共有几个音节的停顿读法,下联也必须相同。

4. 上下联平仄要相调

对联上下联的表现方法,要注意声律相对,也就是平仄相调。这主要是为了音韵和谐、错落起伏、悦耳动听、铿锵有力。

云带钟声穿树去 (平仄平平平仄仄)

月移塔影过江来 (仄平仄仄仄平平)

另外,古诗句的音节主要有两种:一是两字一顿,叫"双音步";一是一字一顿,叫"单音步"。双音步的平仄以第二字为主,第一字可不严格要求,对联也可如此。

窗含西岭千秋雪 (－平－仄－平仄)

门泊东吴万里船 (－仄－平－仄平)

上联中的"窗"和下联中的"门"是平对平,"西"与"东"是仄对仄。

5. 上下联内容要相关

如明代东林党首领顾宪成,在东林书院大门上写过这样一副对联:

风声雨声读书声声声入耳,家事国事天下事事事关心。

上联写景,下联言志,上下联内容紧密相关,使人透过字面,很容易理解作者的自勉自励之心。

6. 对联大忌

对联的两大忌,一是忌同字相对,即在一组对仗的句子中,上句和下句在同一字序位置上不能同字。同字必同声,同声就必然失对。二是忌合掌,合掌是指词句的意义相同,忌合掌就是要避免同义词相对。

"蚕屋朝寒闭,田家昼雨闲"

这一联句中的"朝"与"昼"同义,便是对仗合掌。

相关链接

工对、宽对和流水对

工对是指上下联同一位置上的词既要词性相同,又要词类相同,如"青山横北郭,白水绕东城"就是工对;宽对是指只要词性相同的字词都可以对,如名词对名词,动词对动词,形容词对形容词,副词对副词,不必分山水、花鸟等细类;流水对是指同一联中的两句话,从形式上看是两句话,但实际上是一整句话分成两句来说,也就是这两句话表达一个相互承继的意思,如"请看石上藤萝月,已映洲前芦荻花""即从巴峡穿巫峡,便下襄阳向洛阳"。

第八章　科技美

科技美是指科技创造过程和科技创造结果能够带给人精神快感的各种美的元素。当一种科学的创造与发明获得成功，或是一个设计十分巧妙和完美，人的内心就会产生出成就感；如果一件产品的制作工艺精细，产品细节完美，不仅制作者会有成功的喜悦，使用者也有获得的满足感；如果一件产品能够降低人的劳动强度，使人在使用时感到轻松，人的内心就会有愉快感……不论是成就感、满足感，还是愉快和喜悦，都是人的美感体验。也就是说，不论是科技创造过程，还是科技创造结果，其中都有美的元素。

第一节 设计美

不论是一件器物的制造、一座房子的建造,还是一个设施的建设,设计是首当其冲的。一个成功的设计不仅能够使人看到智慧之美,鼓舞和激励人的精神,而且可以使人感受到科技应用的魅力。下面通过几个例子来看一下设计美。

一、莲鹤方壶

现藏于河南博物院的春秋时期的莲鹤方壶(图8-1-1)。此器通高117厘米,口长30.5厘米,口宽24.9厘米。1923年于河南新郑县出土。该壶造型豪华气派,装饰典雅华美。壶冠呈双层盛开的莲瓣形,中间平盖上立一只展翅欲飞之鹤;壶颈两侧用附壁回首之龙形怪兽为耳;器身满饰蟠螭纹,腹部四角各攀附一只立体小兽,圈足下有两个侧首吐舌的卷尾兽,倾其全力承托重器。其构思新颖,设计巧妙,融清新活泼和凝重神秘为一体。莲鹤方壶之美首先在于它的设计美,其次在于制作工艺之美。

图8-1-1 莲鹤方壶

二、半坡遗址半地穴式房屋

西安半坡遗址是一处新石器时代的文化遗址。这一遗址已发掘出距今6 000年以前的45座房屋的基址。其中,有一部分是半地穴式房屋建筑(图8-1-2)。半地穴式房屋的基本设计是,建设时先从地表向下挖出一个方形或圆形的深坑,在坑中埋设立柱,然后沿坑壁用树枝捆绑成围墙,内外抹上草泥,最后架设屋顶。其基本特点是,房屋的内部空间一部分在地面以下,一部分在地面以上。

从设计角度看,排除掉阴

图8-1-2 半地穴式房屋示意图

雨季节潮湿这一缺陷,对于西北黄土高原上的人们来讲,半坡半地穴式的房屋冬暖夏凉,十分宜居。与此同时,采用木骨涂泥的构筑方法构筑墙体不仅轻便,而且可以有效地解决防风、保暖等问题。

三、河姆渡干栏式建筑

浙江的河姆渡遗址也是一处新石器时代的文化遗址。在这一遗址中,发

图 8-1-3　干栏式建筑

现了距今已有 7 000 年历史的干栏式建筑(图 8-1-3)。干栏式建筑的基本设计是,以大小木桩为基础,木桩上架设大小梁,梁上铺木地板,做成高于地面的基座,然后立柱架梁,构建人字坡屋顶,完成屋架部分的建筑,最后用苇席或树皮做成围护设施。其中立柱的方法一般从地面开始,是通过与桩木绑扎的办法树立的。

干栏式建筑的基本特点是房屋的内部空间均高出地面很多。从设计角度看,河姆渡干栏式建筑的设计有两大亮点:

一是这种建筑既可以防潮,也可以防止野兽的侵袭,还可以避免大暴雨后的水淹等,是南方地区潮湿、多雨的自然条件下最理想的建筑形式。它的发明体现了长江流域远古先民们的智慧。

二是这种建筑铺设地板采用的企口和销钉两种木构衔接法,既是同期世界上最先进的木构建筑技术,也是影响最为深远、生命力最强的两项木构技术。这两项技术至今仍在普遍使用。

四、都江堰

战国时期,由秦国蜀郡太守李冰父子带领民众修筑的都江堰是一项巧夺天工的伟大设计。都江堰是世界上迄今为止,年代最久、唯一留存、以无坝引水为特征的宏大水利工程。其巧妙的设计在两千多年的时间里一直被视为人类水利工程的范本。

都江堰水利工程充分利用当地西北高、东南低的地理条件,根据江河出山

口处特殊的地形、水脉、水势,乘势利导,无坝引水,自流灌溉,使堤防、分水、泄洪、排沙、控流相互依存,共为体系,保证了防洪、灌溉、水运和社会用水综合效益的充分发挥。

都江堰的修建,以不破坏自然资源,充分利用自然资源为人类服务为前提,变害为利,使人、地、水三者高度协调统一。

都江堰渠首枢纽主要由鱼嘴、飞沙堰、宝瓶口三大主体工程构成。三者有机配合、相互制约、协调运行、引水灌田、分洪减灾,具有"分四六,平涝旱"的功效。

(一) 岷江鱼嘴分水工程

鱼嘴分水堤又称"鱼嘴"(图8-1-4),是都江堰的分水工程,因其形如鱼嘴而得名。鱼嘴分水堤筑于岷江江心,其主要作用是把汹涌的岷江分成内外二江,西边叫外江,是岷江正流,主要用于排洪;东边沿山脚的叫内江,是人工引水渠道,主要用于灌溉。

图 8-1-4 都江堰鱼嘴分水堤

在古代,鱼嘴是以竹笼装卵石(图8-1-5)垒砌。由于它建筑在岷江冲出山口呈弯道环流的江心,内江窄而深,外江宽而浅。枯水季节水位较低时,水流经鱼嘴上面的弯道绕行,主流直冲内江,内江进水量约6成,外江进水量约4成;而当洪水来临,水位较高时,水势不再受弯道制约,主流直冲外江,内、外江江水的比例自动颠倒,内江进水量约4成,外江进水量约6成。这就利用地形,完美地解决了内江灌区冬、春季枯水期农田用水以及人民生活用水的需要,和夏、秋季洪水期的防涝问题。

图 8-1-5　竹笼装卵石

图 8-1-6　都江堰飞沙堰

（二）飞沙堰溢洪排沙工程

飞沙堰溢洪道又称"泄洪道"（图8-1-6），具有泄洪、排沙和调节水量的显著功能，故又叫它"飞沙堰"。飞沙堰是都江堰三大工程之一，看上去十分平凡，其实它的功用非常之大，可以说是确保成都平原不受水灾的关键。

飞沙堰采用竹笼装卵石的办法堆筑，堰顶做到合适的高度，起到调节水量的作用。当内江水位过高的时候，洪水就经由平水槽漫过飞沙堰流入外江，使得进入宝瓶口的水量不致太大，保障内江灌溉区免遭水灾。同时，漫过飞沙堰流入外江的水流产生了漩涡，由于离心作用，泥沙甚至是巨石都会被抛过飞沙堰，因此还可以有效地减少泥沙在宝瓶口周围的沉积。

（三）宝瓶口引水工程

在修建都江堰工程时，李冰父子邀集了许多有治水经验的农民，并且对地形和水情作了实地勘察，最终得出结论：只有打通玉垒山，使岷江水能够畅通流向东边，才可以减少西边的江水的流量，使西边的江水不再泛滥，同时也能解除东边地区的干旱，使滔滔江水流入旱区，灌溉那里的良田。这是治水患的关键环节，也是都江堰工程的第一步。于是，李冰决定凿穿玉垒山引水。由于当时还未发明火药，李冰便以火烧石，使岩石爆裂，终于在玉垒山凿出了一个宽20米、高40米、长80米的山口。因其形状酷似瓶口，故取名"宝瓶口"（图8-1-7）。

宝瓶口起"节制闸"的作用，能自动控制内江进水量，是湔（jiān）山（今名灌口山、玉垒山）伸向岷江的长脊上凿开的一个口子，它是人工凿成控制内江进水的咽喉，因它形似瓶口而功能奇特，故名"宝瓶口"。留在宝瓶口右边的山丘，因与其山体相离，故名"离堆"。离堆在开凿宝瓶口以前，是湔山虎头岩的一部分。

图 8-1-7　都江堰宝瓶口

　　都江堰是中国古代人民智慧的结晶，是中华文明的伟大杰作、造福人民的伟大水利工程。都江堰建成后，成都平原沃野千里，"水旱从人，不知饥馑，时无荒年，谓之天府"。其最伟大之处是建堰两千多年来发挥着愈来愈大的效益。都江堰设计之科学、构思之绝妙、配套之完善，在世界水利史上首屈一指。

第二节　技术美

　　技术美是指因精湛的技术和精细的工艺在产品加工过程中的应用，使产品具有外在美和使用上的得心应手等美的表现。从形式方面看，技术美主要表现为工艺的精细；从内涵方面看，主要表现为使用的顺手与舒心等。下面通过几组例子来看一下。

一、骨制品

　　早在距今 3 万年前的旧石器时代，北京山顶洞人就开始磨制骨制品，制造出了骨针等日用品。到了大约距今 6 000 年的时候，中国南北方磨制骨制品的手工艺水平都已经很高，磨制出的骨制品十分精细，有的甚至可以与现今的手工制品媲美。半坡遗址出土的骨镞与骨鱼叉(图 8-2-1)，制作工艺十分精细，特别是骨鱼叉的倒刺十分锋利。半坡遗址出土的骨针(图 8-2-2)，制作之精

图 8-2-1　骨镞与骨鱼叉

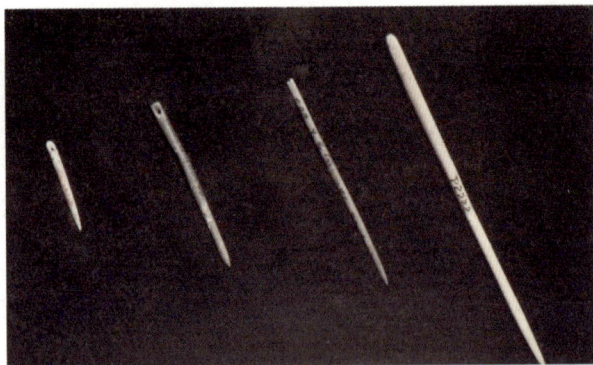

图 8-2-2　骨针

细确实让人惊叹。特别令人惊叹的是,骨针尾部的小孔比较细腻——在距今6 000 年之前,先民们能把骨针制作到这样精美的程度,不能不使人敬佩。

二、玉石器

进入新石器时代之后,中华先民们的审美意识不断增强,荣辱观念迅速形成,各类玉石装饰品大量产生。内蒙古兴隆洼文化遗址出土的一件玉玦(图8-2-3),其制作年代距今 8 200 年。玉玦是上古时代的耳饰品,相当于今天的耳环。

从技术和工艺角度来看,这块玉玦打磨比较精细,尤其是中间环形内孔部分给人以细腻的印象。站在 8 200 年前的历史背景下来看,这块玉玦不论是缺口的切割,还是各个部分的打磨,制作工艺都是值得肯定的。

出土于河姆渡文化遗址、距今 7 千年前的两块玉玦(图 8-2-4),其形制与兴隆洼玉玦完全相同。但其制作工艺水平已经较兴隆洼玉玦有所提高,尤其是左边的一块,制作工艺精细,美的属性已很突出。

图 8-2-3　兴隆洼玉玦

图 8-2-4　河姆渡玉玦

一件大汶口文化时期的玉串饰（图8-2-5），制作的年代距今六千年左右。从技术角度看，这件玉串饰至少有三个值得肯定的地方：一是其切割细腻，切割面打磨得很精细；二是每一个玉珠打磨得十分精美，不论是视觉感受，还是触觉感受，都能使人获得美的享受；三是约六千年的历史背景，玉串的打孔技术令人赞叹。

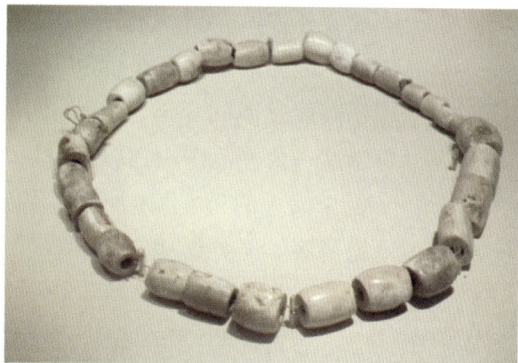

图 8-2-5　大汶口文化的玉串饰

三、青铜制造

中国的青铜器制造工艺产生于夏代，迅速发展于商代，到西周时期已基本成熟。战国时期，我国的青铜冶炼、合金和加工技术等均居于世界领先地位。

1974 年从秦始皇陵区的陶俑坑中出土的宝剑（图8-2-6），被直接埋在地下约五六米深的泥土中，水浸泥蚀长达两千多年，但出土时依然光亮如新，非常锋利，可以迎风断发。这把秦代的宝剑是用铜和锡，加上少量的铅制成。经仪器反复检测得知，宝剑不锈的秘密是表面镀了一层厚度仅十微米的铬。研究还发现，剑身中锡的含量高于剑刃，所以刃口锋利，整体坚韧。这样的剑是先浇铸出中间的芯条，再浇铸两边的刃而制成的"复合剑"。这几项技术诞生在两千年以前，确实是令人惊叹的。

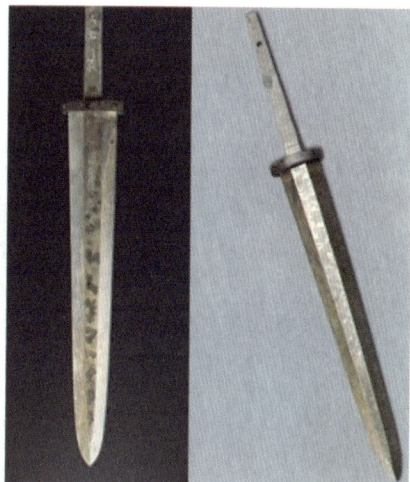

图 8-2-6　秦剑

秦代生产青铜箭镞。秦兵马俑出土了两万支青铜箭镞（图8-2-7）。这些青铜箭镞为三棱流线型，即横剖面为正三角形，纵投影如现代的子弹头，其表

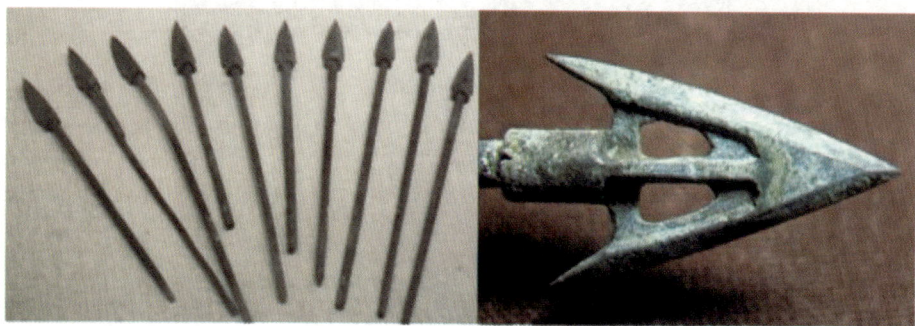

图 8-2-7　秦箭镞

面磨光如镜。据测量，每一支箭镞三个面的宽度基本相等，误差不大于 0.15 毫米。因为箭镞的三个面和三个棱都呈弧形，精磨和抛光都很难，即使在工业技术高度发展的今天，要确保两万支箭镞的精度完全控制在误差不大于 0.15 毫米这一公差范围内，其难度都很大，而 2 000 多年前的秦人却奇迹般地做到了。更为惊人的是，上述加工好的青铜兵器在磨锋抛光之后，表面上加了一层黑铬薄膜。经分析测定，这些兵器经过铬盐氧化处理，极大地增加了防腐抗锈的性能。

考古证明：早在秦朝，我国的工业技术已经非常发达，并且实现了标准化、序列化和通用化。如制造的弩，原理和现代的步枪完全相同，甚至有些零件的形状也和步枪基本相像，并且其生产是完全标准化和通用化的，相同的零部件在任何一个器械上都能安装和互换。

1980 年冬在秦始皇陵西侧 20 米处 7.8 米深的地下出土了两乘大型铜车马（图 8-2-8、图 8-2-9）。铜车马主体为青铜所铸，一些零部件为金银饰品。各个

图 8-2-8　秦一号铜车马

图 8-2-9　秦二号铜车马

部件分别铸造,然后用嵌铸、焊接、粘接、铆接、子母扣、纽环扣接、销钉连接等多种机械连接工艺,将众多的部件组装为一体。马为白色,通体彩绘,彩绘时所用颜料均为用胶调和的矿物颜料,利用胶的浓度塑造出立体线条。车、马和俑的大小约相当于真车、真马、真人的二分之一。它完全仿实物精心制作,真实再现了秦始皇车驾的风采。

一号铜车马重1 061千克,每匹马体重230千克,配件3 064个。尺寸大小是按真车马的二分之一比例缩小的。舆(yú)为横长方形,进深48.5厘米,舆广74厘米,舆中部竖一把独杆圆形伞盖,盖径1.22米,御官俑立于伞下偏右处,手执六辔,身佩长剑。在车舆左前阑板上有承放弓弩的承弓器一副,舆内前阑板内侧还置有一个彩绘铜质箭箙(fú),箙内尚存50支三棱带羽铜镞和4支平头带羽铜镞。此外,车舆内还发现了一件制作精美、形状完整的铜盾牌,盾牌为"出"字形,四周彩绘几何纹,中间绘变形龙纹。车马装饰物和一些小型构件由金银制成。车上的驭手面部被敷以白色,但唇与双颊是粉红的,白色的领子上还绘有朱红色的菱形花纹。

二号铜车马通长3.17米,高1.06米,相当于真车马的一半。总重量为1 241千克(其中金铸件3千克多,银铸件4千克多),由大小3 462个零部件组装而成。其中青铜制件1 742个、黄金制件737个、白银制件983个。其形体之大,堪称"青铜之冠"。

二号车是一种带有篷盖的豪华车,车舆接近正方形,宽78厘米,进深88厘米,其宽度仅比一号车长4厘米,可进深较之一号车长40厘米。舆上罩着一块类似于龟盖状的篷盖。大篷盖不仅将车舆全部罩了起来,甚至连车舆前边的"驾驶室"也遮盖起来,形成封闭式的车舆。二号铜车属于小轿车类型。车主既可以坐乘,也可以卧息。

两乘车加起来不少于5 000个零部件,所有零部件全部是铸造成型。其工艺水平之高,世所罕见。就拿篷盖与伞盖的铸造来说,它不仅面积大,而且薄厚不一,厚的地方为0.4厘米,薄的地方仅有0.1厘米,再加上篷盖、伞盖,都有一定的弧度,这样难度大的篷盖、伞盖能一次性浇铸成功,不要说在2 200年前的秦代,就是在科技发达、设备齐全的今天也并非易事。总之,铜车马的铸造工艺堪称古代青铜冶铸方面了不起的奇迹。

四、金银器

唐代的金银器制造水平十分先进,各种生活器物制作工艺精细,观之令人悦目,用之使人赏心。下面举例说明。

图 8-2-10　鸳鸯莲瓣纹金碗

1. 鸳鸯莲瓣纹金碗

出土于西安何家村窖藏的鸳鸯莲瓣纹金碗（图 8-2-10），被评定为中国国宝级文物。金碗敞口，鼓腹，喇叭形圈足。锤击成型，纹饰平錾，通身鱼子纹地。外腹部錾出两层仰莲瓣，每层十瓣。上层莲瓣内分别錾出狐、兔、獐、鹿、鹦鹉、鸳鸯等珍禽异兽及花草。走兽或走或奔，形态各异；禽鸟或飞翔或栖息，动静结合。下层莲瓣内均錾刻忍冬花草。碗内底中心，是一朵蔷薇式团花，外底中心则錾刻一只回首的鸳鸯，周围饰有忍冬云纹。圈足饰方胜纹，一整两破的菱形花纹图案，实为简化了的四瓣莲花纹。足底边缘饰联珠纹一周。

2. 鎏金舞马衔杯纹仿皮囊银壶

1970 年出土于西安何家村窖藏的唐代鎏金舞马衔杯纹仿皮囊银壶（图 8-2-11），为中国国宝级文物。壶的造型采用的是我国北方游牧民族皮囊（皮囊，最早起源于哈萨克族，是用马皮和羊皮制作而成的。早在数千年前，中国北方的游牧民族就已经开始随身携带皮囊用来装酒盛水）的形状，壶身为扁圆形，一端开有竖筒状的小口，上面置有覆莲瓣式的壶盖，壶顶有银链和弓形的壶柄相连，这种形制，既便于外出骑猎携带，又便于日常生活使用，表现了唐代工匠在设计上的独具匠心。银壶的两侧采用凸纹工艺各塑造出一匹奋首鼓尾、跃然起舞的骏马。壶上的骏马就是唐代有名的舞马形象。

图 8-2-11　鎏金舞马衔杯纹仿皮囊银壶

3. 鎏金鹦鹉纹提梁银罐

1970 年出土于西安何家村窖藏的唐代鎏金鹦鹉纹提梁银罐（图 8-2-12），为中国国宝级文物。银罐外观大口短头，罐腹圆鼓，喇叭形圈足，可活动提梁插入焊接在罐肩部的两个葫芦形附耳内。底部为圈足，足与罐体的连接处加焊一圈圆箍，罐体为纯银锤击成型，花纹平錾，鱼子纹地，纹饰鎏金。提梁上饰有菱形图案，罐身通体装饰以鹦鹉为主体，周边环绕折枝花，组成两组均衡式圆形图案，鹦鹉展翅于花丛间，灵动可爱，栩栩如生，装饰在提梁罐两面，其余空白处以单株折枝点缀。银罐上錾刻的鹦鹉振翅欲飞，鲜活而丰满，恰好与圆浑的外形、饱满的团花相配，给人以富贵喜庆的感觉。

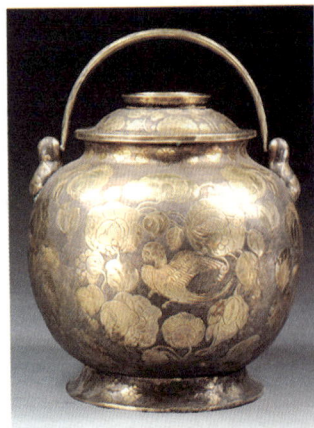

图 8-2-12　鎏金鹦鹉纹提梁银罐

4. 葡萄花鸟纹银香囊

1970 年出土于西安何家村窖藏的唐代葡萄花鸟纹银香囊(图 8-2-13),外壁用银制,呈圆球形,通体镂空,以中部水平线为界平均分割形成两个半球形,上下球体之间,一侧以钩链相勾合,一侧以活轴相套合,下部球体内又设两层银质的双轴相连的同心圆机环,外层机环与球壁相连,内层机环分别与外层机环和金盂相连,内层机环内安放半圆形金香盂,外壁、机环、金盂之间用银质铆钉铆接,可以自由转动。这样无论外壁球体怎样转动,由于机环和金盂重力的作用,香盂始终保持重心向下,里面的香料不致撒落于外。尽管已经经历了一千多年,其仍然玲珑剔透,转动起来灵活自如、平衡不倒,其设计之科学与巧妙,令现代人叹绝。

图 8-2-13　葡萄花鸟纹银香囊

第三节　适用美

适用美是指一项科技发明或技术产品适应了人们的现实需要,解决了人们生产或生活中的现实问题,使人们从中获得了轻松、快意等美感享受。

适用美的产生过程实际上就是科技发明和创造的过程。仅通过一个模拟性的实例来说明。

远古时代,人们以渔猎为主要生活来源。由于居住在湖边的人日复一日地捕捞,湖中靠近岸边的鱼越来越少,而湖中心的鱼越养越大。一方面,人们感到近水处捕捞越来越困难;另一方面,又看到湖中心不时有肥大的鱼跃出水面(图 8-3-1)。在这样的情况下,人们就有了"要是能到湖中心去捕捞就好了"的想法。

到湖中心去捕捞会有大的收获,可湖水很深,游到中间去捕捉是不现实的。怎么办呢? 这时人们所面临的问题既是工具问题,也是技术问题。为了解

图 8-3-1 湖中心跳跃的鱼

决问题，人们便展开了积极的思维活动。当一个人坐在湖边进行思索时，无意中看到了如图 8-3-2 所示这种景象，于是，大脑中有了灵感——既然树叶能漂浮在水面上，叶子上趴着蚂蚁也十分平稳，能不能制造出一种既可以漂浮在水上，又能在水上移动的工具呢？

经过反复的观察、思考和模拟实验，人们便创造出了独木舟这样的水上交通工具（图 8-3-3）。独木舟的制造，满足了人们到湖中心捕捞的需要，解决了人们的实际问题，使人们的生活变得更加美好，这就是科技产品的适用美。

在人类社会的发展过程中，人们不断地遇到各种问题，每一个问题的解决都伴随着人们的内心喜悦和满足感——这些美感体验很多是由特定时代科技产品的适用美带来的。

图 8-3-2 漂浮叶子上的蚂蚁

图 8-3-3 跨湖桥文化独木舟

一、陶甑

新石器时代的陶甑(图 8-3-4),是距今 6 000 年前的蒸煮器,是置于鼎、釜等上面蒸食物用的。其底部有几个透气孔,蒸汽通过气孔进入器内,实现对食物的蒸制。从技术角度看,早在六千年以前,中华先民们已经掌握了蒸制食物的原理和方法。这件器物的制造适应了人们饮食多样化的需要,使人们能够吃到比煮制食物更可口的美味,给人们增添了生活的快意。

图 8-3-4 陶甑

二、陶澄滤器

在地下水资源还没有被人们发现,或者是凿井技术还没有被人们掌握的时代,人们的生活用水来自于江河、湖泊等地表水,水中含有各种杂物。如何把水中的杂质轻松地过滤掉是当时人们遇到的一个生活问题。陶澄滤器的发明有效地解决了这个问题,使人们的生活更加方便,这样,自然会使人产生一种快意。

西安半坡遗址出土的一件陶澄滤器(图 8-3-5),其制作距今 6 000 年左右。这件澄滤器是用来过滤液体中的杂质的,它不仅能够将水中的杂物轻松地过滤掉,而且可以用来将人们酿造的酒和醋等过滤出来。

图 8-3-5 陶澄滤器

三、双耳箅流灰陶壶

河南舞阳贾湖遗址的考古发现证明,中华先民早在八千多年前已经开始酿酒,山东后李文化遗址的考古发现证明,中华先民早在八千年前就开始吃煮制的食物。史料记载,早在距今 4 900 年的炎帝时代,中草药已经发明,煮茶和饮茶也在同期进入了人们的生活。

不论是酿酒、煮制食物佐料,还是煎药、煮茶,过滤都是必不可少的。在这样的情况下,各种过滤器物的制造无疑会使人们产生满足感。现藏于河南博物院,距今四千多年前的双耳箅流灰陶壶(图 8-3-6),具

图 8-3-6 双耳箅流灰陶壶

有多方面的用途：一是可以用来煮茶，二是可以用来煎药，三是可以用来加各种佐料熬汤等。这件器物既有设计美，同时又有适用美。

四、苇编

新时期时代，随着土炕的发明，人们对席子的需要也随之产生。与此同时，当人们傍晚时分聚集在场院中纳凉、品茶和饮酒时，对苇席一类物品的需要也相应增加。在这样的情况下，苇编技术的发明和苇席的制造满足了人们多方面的生活需要，使人们从中获得了适用美的体验。

从出土于河姆渡遗址的一块"苇编"上（图 8-3-7）至少可以解读出几方面的信息：一是早在七千多年前，河姆渡人已经开始利用芦苇编织席子等生活用品，其物质文明已经达到了一定的高度；二是早在七千多年前，人们的手工艺水平已经达到了一定的高度，生产和生活知识积累已较为丰富；三是早在七千多年前，人们已经开始利用各种自然生产来改善和美化自己的生活。

图 8-3-7　河姆渡苇编

五、尖底瓶

在人类的创造和发明过程中，各种科技产品的适用美不都是一下子就表现出来的，有的是随着产品的不断改进逐渐表现出来的。这里，以尖底瓶的发明为例来说明。

在七八千年前，人们最早在河里汲水，使用的是平底的陶罐（图 8-3-8），这种器物由于底部面积大，触水时所受浮力很大，因而很难入水。人们为了使其能够顺利入水并将水打上来，不得不利用重力加速度来增加其入水的力量。但是这样做，器物在入水的刹那间与水面形成较大的撞击力，易使器物损坏（图 8-3-9），器物底部被撞裂，人们不仅常常打不到水，而且还损失掉赖以正常生活的器物。于是，人们就总结经验，发明了第一代尖底瓶。

第一代尖底瓶（图 8-3-10）瓶底面积大大缩小，瓶子入水瞬间所受浮力比陶罐减小，但是，第一代尖底瓶的拴绳位置设计在瓶子的上部，由于瓶子材质比较脆弱，在盛满水后，瓶子常常在上部断裂（图 8-3-11）。与此同时，由于瓶子中部鼓起部分较大，瓶子依靠自然重力入水至中部后就会漂浮在水面上，因此，要使瓶子顺利入水，还必须依靠重力加速度，这样，瓶底被撞裂的情况依然

图 8-3-8　完好的陶罐

拴绳位置

图 8-3-9　底部有裂痕的陶罐

拴绳位置

图 8-3-10　第一代尖底瓶

图 8-3-11　上部断裂的瓶子

存在（图 8-3-12）。

　　第二代尖底瓶的设计既综合运用了重力、浮力、压强和重力加速度等力学原理，又充分考虑了器物构成材质的特点等，在四个方面做了大的改进：一是将拴绳位置由上端移至腹部，绳子在瓶口处捆扎固定（图 8-3-13），这样既可以避免瓶子在装满水后不至于从上端断裂，也确保了瓶子入水和出水时的稳定性；二是瓶子的长度增加、腹部直径减小，入水时的浮力大大降低，瓶子入水更加顺利；三是瓶壁的厚度加大，瓶子重量增加，入水重力相应增加；四是瓶子下端 15 厘米做成实心，不仅可以增加瓶子入水瞬间的抗撞击性，而且可以增加瓶子重量。

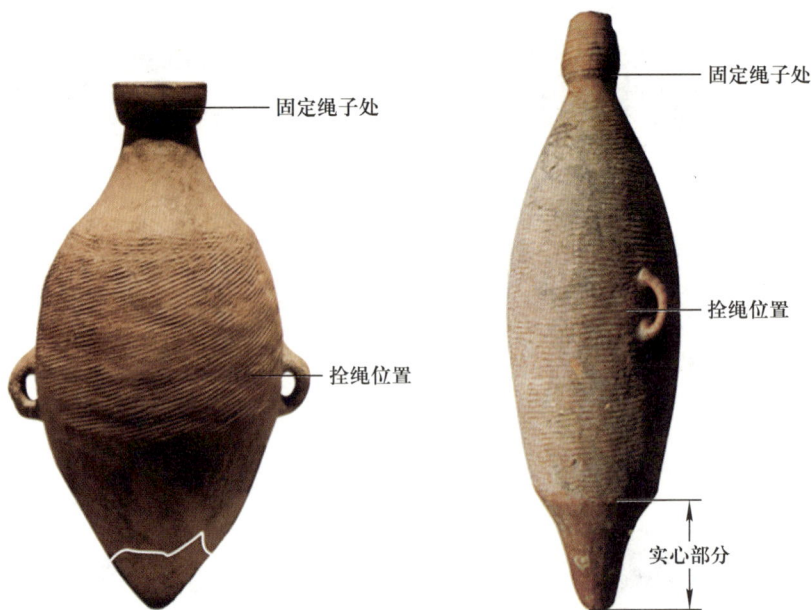

图 8-3-12　底部被撞裂的瓶子　　　　　图 8-3-13　第二代尖底瓶

固定绳子处

拴绳位置

固定绳子处

拴绳位置

实心部分

第二代尖底瓶的发明,消除了陶罐和一代尖底瓶在汲水方面的缺陷,既满足了人们汲水的生活需要,使用起来更加方便,同时也没有了以往器物常常被损坏的烦恼,使用寿命大大增加,适用美显得十分突出。

第四节　效能美

效能美是指一项科技发明或技术产品能够降低人们的劳动强度,使人们的劳动变得轻松愉快,或是能够提高人们的劳动效率,使人们在单位时间里能够获得更多的劳动成果,从而产生收获的喜悦等。

一、牛耕技术

在距今 7 000 年前的新石器时代,人们耕作一般使用耒耜(图 8-4-1)。用这种工具疏松土壤,不仅劳动效率很低,而且劳动强度很大。到了商周时期,青铜农具出现以后,耦耕(图 8-4-2)技术产生。虽然耦耕在一定程度上降低了劳动强度,同时提高了耕作质量,但劳动效率依然很低。

牛耕技术(图 8-4-3)的产生不仅降低了人的劳动强度,耕作效率大大提高,而且耕作的质量也提高很多。相对于以往的耕作技术而言,牛耕技术释放

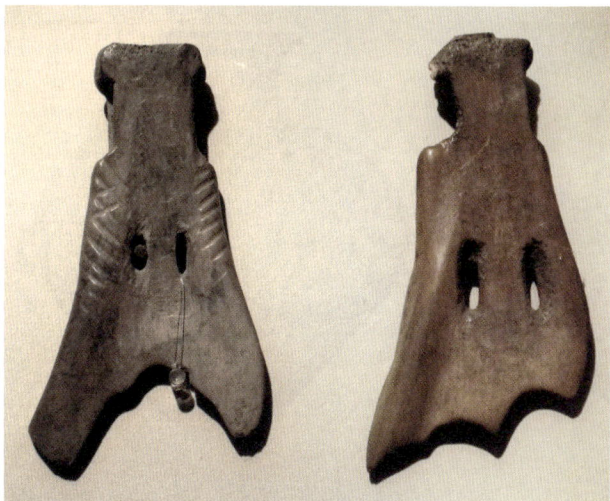

图 8-4-1　耒耜

图 8-4-2　耦耕技术（雕塑）

图 8-4-3　牛耕技术

出来的效能使人们倍感喜悦。这就是效能美带给人的美感体验。

二、陶器轮制技术

中国制陶的历史始于距今 1 万年前的新石器时代早期。最初，人们用盘筑法制作陶器，不仅劳动强度大，生产效率低，而且产品质量也不高（图 8-4-4）。陶器轮制技术的发明，不仅降低了人们的劳动强度，提高了制陶效率，而且使陶器的质量有很大提高，陶器的外在审美性和内在质地美都有所增强（图 8-4-5），

图 8-4-4　上山文化红衣陶圈足盘

图 8-4-5　马家窑文化彩陶壶

因此,这项技术的产生使人们获得了多方面的美感体验。

三、无坝引水技术

无坝引水技术是中国古代科技的一大成就。这项技术的核心是充分利用河流水文、河道地形和区域自然地理条件,直接在河道上引水。这项技术发明后,得到了广泛应用,在中华大地上释放出了难以估量的巨大效能。中国古代著名的无坝引水工程有都江堰和郑国渠等。

在都江堰没有修筑之前,成都平原是一个水旱灾害十分严重的地方。因为岷江源出岷山山脉,从成都平原西侧向南流去,对整个成都平原来讲,是地道的地上悬江,而且悬得十分厉害——成都平原的整个地势从岷江出山口玉垒山,向东南倾斜,坡度很大,都江堰距成都50千米,而落差竟达273米。因此,古时候,每当岷江洪水泛滥,成都平原就是一片汪洋;而一遇旱灾,又是赤地千里,颗粒无收。

在岷江水患、旱灾祸害西川,鲸吞良田,危及民生的情况下,具有远见卓识的秦昭王委任知天文、懂地理的李冰为秦国蜀郡太守,令其治理岷江,造福百姓。公元前256年,李冰和他的儿子吸取前人的治水经验,率领当地人民,历经八年的艰苦努力,建成了著名的都江堰水利工程。都江堰的建成,使得长期以来一直水旱成灾的成都平原一跃成为"天府之国"。正如《史记》所说:都江堰建成,使成都平原"水旱从人,不知饥馑,时无荒年,天下谓之'天府'也"。

都江堰是全世界迄今为止,年代最久、唯一留存、以无坝引水为特征的宏大水利工程。2 200多年来,它一直惠泽着巴蜀大地的民众,至今仍发挥着巨大的效益。

公元前 246 年(秦王嬴政元年),秦王采纳韩国人郑国的建议,由郑国主持修建大型"引泾"水利工程,此工程历时十年完成,人称郑国渠。

郑国渠建成后,使土地贫瘠、"十年九旱"的关中东部平原成为沃野良田,粮食产量大增,由此,关中成为当时全国最富庶的地区。与此同时,郑国渠的建成,大大改善了生态环境——由于有了水,树木、花草增多,植被增加,裸露的土地减少,年降雨量增加,气候湿润,地下水得到了有效的补充,为灌区民众饮用水提供了良好的条件。

四、活字印刷技术

中国古代的印刷术经历了雕版印刷和活字印刷两个阶段。雕版印刷产生于隋唐之际,刻版采用优质、细密的木材,上面刻出阳文反字,然后涂以墨汁复印纸上。这种方法优于手抄百倍,但是,雕版印刷也存在着不足,刻板需很长的时间,存放刻版又要占据大量空间,如果一部书不再重印的话,刻版便成了废物。

活字印刷技术是在北宋庆历年间由平民毕昇发明的。据《梦溪笔谈》的记载,毕昇以胶泥刻字,一字一枚,火烧使之坚硬,存于木格之中。印刷时,以一铁板,上面敷以松脂、蜡、纸灰等物,用铁框框住,然后照书稿将一个个活字拣好排于铁框之中,放置火上加热,待铁板上的混合物稍熔,以平板压平、冷却后便可印刷。

活字印刷术的发明,不仅克服了雕版印刷的各种缺陷,而且劳动强度降低,印刷快捷方便,印刷质量和效率都有所提高。

总的来看,科学技术之美首先表现为各项技术的应用能够减轻人们的劳动强度,提高劳动效率,使人们感到轻松愉快;其次表现为各种科技产品的制造,满足了人们不断增长的物质生活需要,使人们感到生活的美好;再次,产品制作工艺的精细不仅使其在外形上具有了审美性,而且使用起来更加顺手和舒心。此外,在科技发明和技术创造过程中,人们还会产生成就感和自豪感。

另外,本章中所采用的例子都是有关中国古代科技的。这样做的目的主要是为了使同学们较多地了解中国古代文化,感受中华民族的智慧和创造力,从而增强民族自豪感和自信心。

郑重声明

资源服务提示

方法：在线开放课程

访问职业教育数字化学习中心——"智慧职教"（http://www.icve.com.cn），以前未在本网站注册的用户，请先注册。用户登录后，在"课程"频道搜索本书对应课程"大学生美育"进行在线学习。用户可以在"智慧职教"主页或扫描本页下方提供的二维码下载"智慧职教"移动客户端，通过该客户端进行在线学习。

资源服务电子邮箱：songchen@hep.com.cn
咨询电话：（010）58581854

智慧职教APP